AF453487

PORTEUSE D'EAU

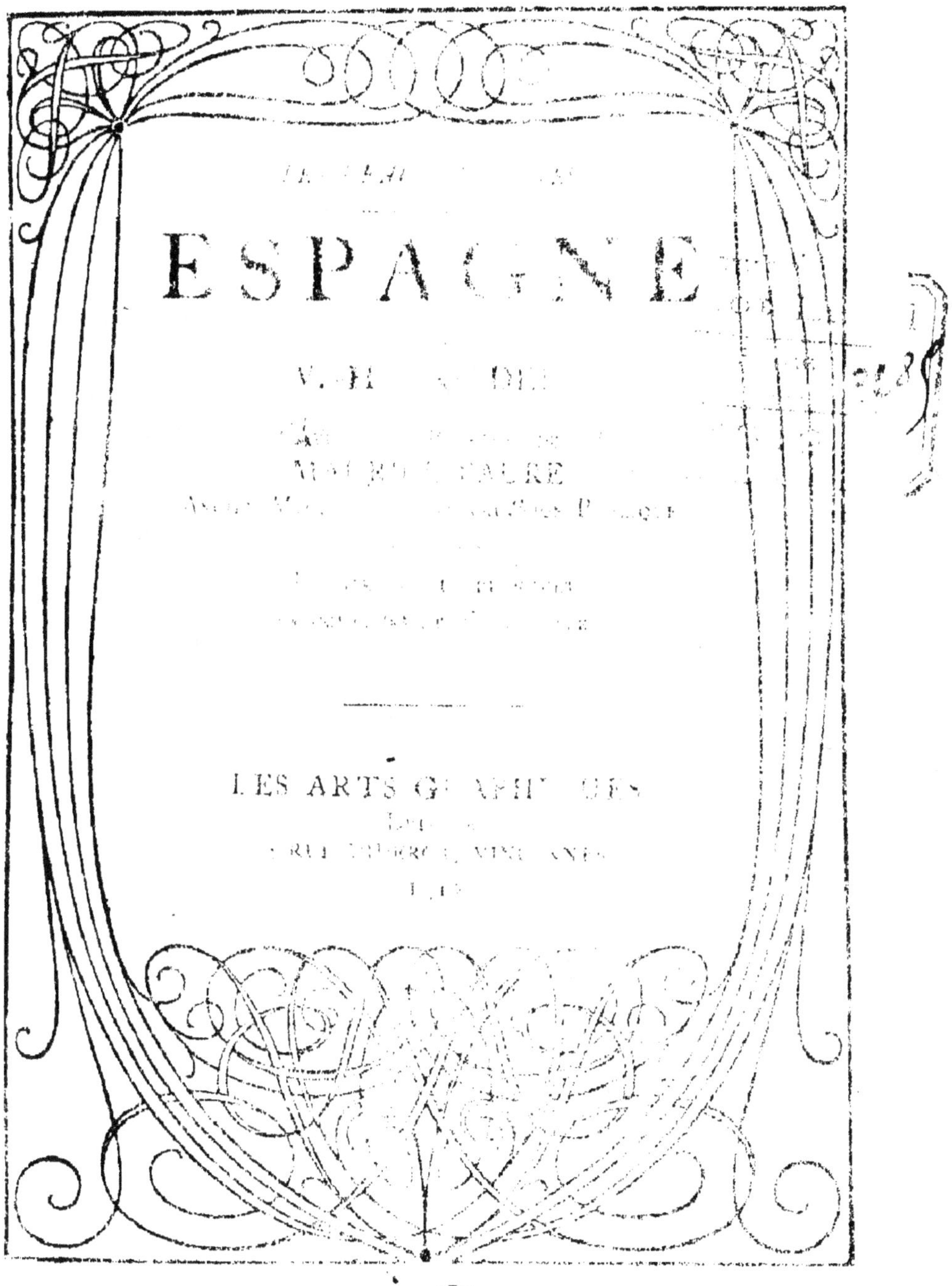

# ESPAGNE

MAURICE FAURE

LES ARTS GRAPHIQUES

# ESPAGNE

PAR

V. H. FRIEDEL

AVEC UNE PRÉFACE DE

MAURICE FAURE

ANCIEN MINISTRE DE L'INSTRUCTION PUBLIQUE

ILLUSTRÉ DE 12 PLANCHES

EN COULEURS ET D'UNE CARTE

LES ARTS GRAPHIQUES

ÉDITEURS

3 RUE DIDEROT, VINCENNES

1912

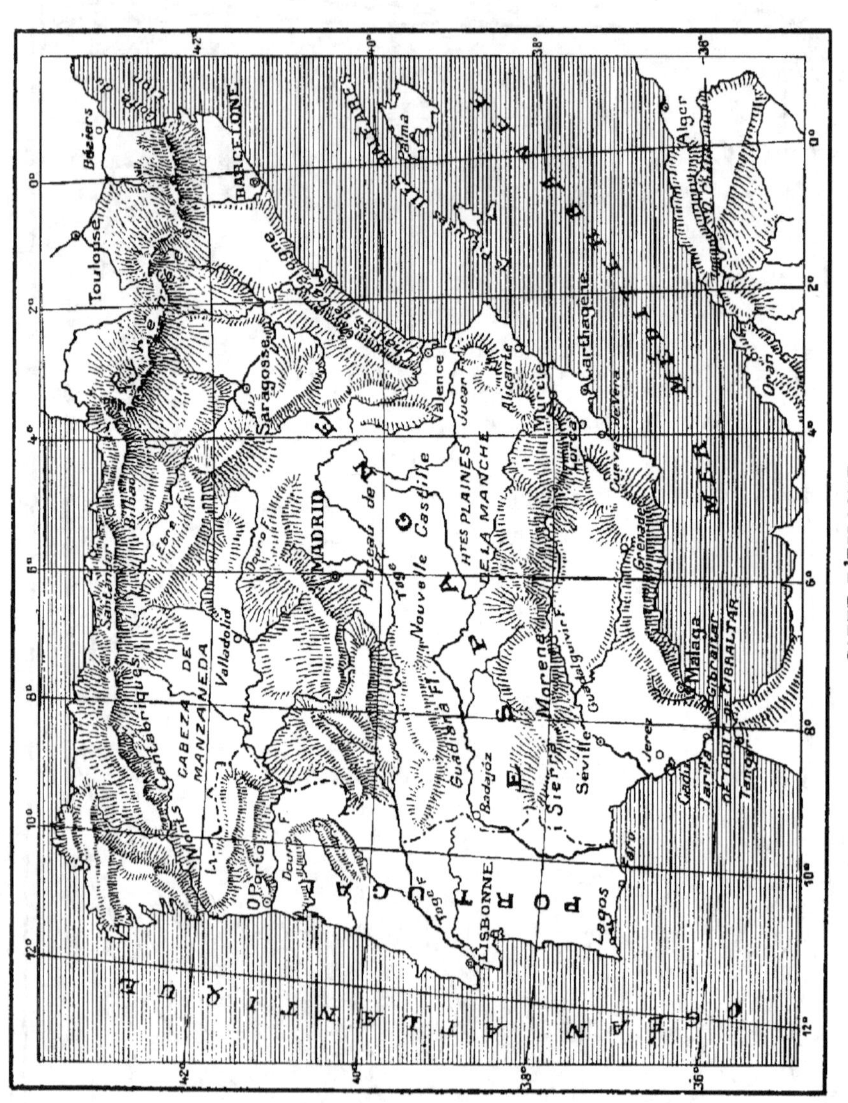

CARTE D'ESPAGNE

# PRÉFACE

On ne pouvait vraiment choisir, pour un voyage en Espagne, un guide plus sûr, plus aimable et plus compétent que M. Friedel.

Jamais à ma connaissance, homme du Nord n'eut plus que lui l'âme méridionale et, par une sorte d'intuition, ne possède au même degré le don de voir clairement les choses du Midi.

Ce fils d'Alsace a eu au fond du cœur, dès sa jeunesse, une inclination toute naturelle pour les pays du soleil dont les horizons lumineux ont captivé son imagination, et il s'est épris d'un ardent amour pour leurs langues sonores, filles directes et légitimes de l'antiquité gréco-latine, qu'il a cultivées et enseignées en disciple fidèle de son illustre maître Gaston Paris.

Son attachement à tout ce qui intéresse les peuples du Midi méditerranéens, sa prédilection pour la littérature gréco-latine dont il voudrait accroître encore dans l'Université l'action éducatrice, lui inspirent pour notre chère France, intense et rayonnant foyer d'humanisme, un amour filial que son large patriotisme étend généreusement au Midi européen tout entier, et tout particulièrement aux nations latines.

Après l'Italie, la grande initiatrice, la mère immortelle de notre civilisation, l'Espagne est pour lui comme une seconde patrie bien-aimée.

Il suffit de lire les brillantes pages qu'il consacre aux mœurs et aux coutumes, aux danses locales ainsi qu'aux œuvres des artistes et à l'architecture hispano-mauresque. L'une des plus intéressantes parties de l'ouvrage est la description, très impressionnante des courses de taureaux. M. Friedel, sans crainte d'encourir l'anathème des âmes sensibles, condamne tout jugement trop sévère porté contre un pareil spectacle dont il proclame la farouche beauté.

Toutes les originalités artistiques, toutes les singularités qui attachent l'homme au sol, le citoyen à la cité, tous les vieux usages compatibles avec le progrès moderne, toute les curiosités provinciales, M. Friedel les signale avec un soin pieux, on sent qu'il les aime, qu'il voudrait les faire aimer, et son vœu le plus cher serait d'en assurer la conservation, en dépit des centralisateurs et des niveleurs à outrance, dont l'ignorante sottise risque stupidement, en détruisant peu à peu tout ce qui nous a été légué par le génie de nos pères, de nous faire une France banale, ennuyeuse, décolorée et monotone.

Telle est, à n'en pas douter, la pensée inspiratrice de M. Friedel, qui, à propos du "Voyage en Espagne," me rappelait cette forte parole du grand écrivain espagnol Mila y Fontanals : " No pot estimar sa nació, qui no estima sa provincia " (" Il ne peut estimer sa nation celui qui n'estime pas sa province ").

" On est d'autant plus attaché à son pays," disais-je, " qu'on a plus de raisons de l'aimer, de s'y sentir en quelque sorte solidaire des générations disparues. L'amour du sol natal est le plus solide fondement de l'amour de la patrie."

Le culte de la petite patrie, la connaissance de la langue et des coutumes des aïeux doit apprendre, en même temps, à nos jeunes Français qu'ils ont au-delà des Alpes et au-delà des Pyrénées des frères auxquels les unissent les liens de la parenté linguistique et une commune origine latine.

Écoutez Frédéric Mistral s'adressant dans une ode admirable aux Catalans, dont la langue est un rameau verdoyant encore de notre antique langue d'Oc :

# Préface

*Fraire de Catalougno, escoutas ! nous an di*
*Que fasias peralin reviéure e resplendi*
*Un di rampau de nosto lengo.*

(" Frères de Catalogne, écoutez ! on nous a dit que
vous faisiez là-bas revivre et resplendir un des rameaux
de notre langue.")

Puis, l'auteur de *Mireille* ajoute :

*Provènço e Catalougno, unido pèr l'amour,*
*Mesclèron soun parla, si coustumo, si mour ;*

.    .    .    .    .

*Lou viei parla rouman*
*Acò's lou signe de famiho,*
*Acò's lou sacramen qu'is avi joun li fiéu,*
*L'ome a la terre !   Acò's lou fiéu*
*Que tèn lou nis dins la ramiho.*

(" Provence et Catalogne, unies par l'amour, mêlèrent
leur parler, leurs coutumes, leurs mœurs. . . . Le
vieux parler roman, c'est là le signe de famille, c'est
le sacrement qui aux aïeux joint les fils, l'homme à la
terre ; c'est le fil qui soutient le nid dans la ramure.")

Quelle belle affirmation de la patrie latine que celle
du grand poète de la Provence, acueillant ainsi à bras
ouverts, comme de véritables frères, les poètes catalans, traitant comme des compatriotes les Espagnols,
politiquement séparés de nous, mais étroitement unis
à nous, à travers les siècles, par la communauté des
traditions et de la race !

M. Friedel ne s'est pas trop longtemps laissé séduire
et attarder à Barcelone par son amour de la littérature
catalane. Il est allé plus loin, avec le même entrain,
dans toutes les villes d'Espagne les plus renommées
comme dans tous les villages les plus pittoresques.

Pendant plusieurs années, pélerin passionné, il a

# Préface

parcouru les diverses provinces de la Péninsule à la recherche des documents attestant le rayonnement de la France sur les Espagnes depuis le plus ancien Moyen Age.  Mais il ne s'est pas enfermé dans les salles des bibliothèques et des archives, ou extasié rêveur, pendant des semaines sous les voûtes des cathédrales ou dans les chapelles des monastères. Il a fait à sa façon œuvre d'ami de l'histoire et de la géographie locales.  Il s'est mêlé aux habitants, les observant au milieu de leurs joies comme dans leurs tristesses, suivant attentivement leurs travaux, notant leurs us et coutumes, relevant leurs qualités et leurs défauts, sympathiquement, sans parti pris, en témoin impartial, désireux d'éviter le double écueil d'un enthousiasme irréfléchi et d'un esprit de critique trop en éveil.

Tous ceux que l'Espagne intéresse liront avec plaisir les notes simples et sans prétention qu'il a écrites à la hâte, au jour le jour, et qu'il a eu l'heureuse pensée de livrer au public en les détachant de son carnet de route, comme fit jadis Stendhal pour les " Mémoires d'un Touriste."

Confiants dans l'avenir fraternel annoncé par Victor Hugo et prédit par Mistral, c'est avec espoir que nous pouvons lever la *coupe sainte*, la *coupo santo*, offerte par les poètes catalans aux Félibres de Provence, en appliquant à tous les Espagnols les beaux vers de la dernière strophe mistralienne :

> *Pèr la glòri dóu terraire,*
> *Vautre enfin que sias counsènt,*
> *Catalan, de liuen, ô fraire,*
> *Coumunien tóutis ensèn !*

("Pour la gloire du terrain, vous tous enfin qui êtes de cœur avec nous, Catalans de loin, ô frères, communions tous ensemble.")

Maurice Faure

# ESPAGNE

## CHAPITRE I

### GÉNÉRALITÉS

Ce qu'il est bon de savoir — Les moyens de communication —
Hôtels et pensions — Les gardiens de nuit et la gendarmerie
— Les mendiants

Pour goûter un voyage en Espagne, il faut de toute
nécessité étudier les habitudes et les coutumes du
pays. L'agrément deviendra plus complet si on
connaît la langue, quoiqu'avec le français on puisse se
faire comprendre dans les villes de quelque importance.
Mais pour circuler loin des lignes de chemin de fer, on
ne saurait se passer de l'espagnol dont l'usage fera, plus
que les pourboires, sortir de leur réserve naturelle et
un peu hautaine les gens du peuple à l'égard de tout
étranger, et surtout, soit dit sans reproche, à l'égard
des Français.

Si vous tenez à voyager très vite, n'allez pas en
Espagne. Les meilleurs trains des grandes lignes
sont loin d'atteindre la vitesse de nos express. La
voie est accidentée et l'écartement des rails étant
plus large que sur les chemins de fer ordinaires de
l'Europe centrale, le matériel est très lourd. Comme,
en outre, les lignes sont à voie unique, on perd beaucoup
de temps à attendre, sur une voie de garage, un train
qui vient en sens inverse. Il est rare qu'il parte
d'une station terminus plus d'un express par jour et en
hiver les grands express ne circulent même que trois

fois par semaine.  Malgré ces inconvénients, on est heureux de pouvoir user d'un moyen de locomotion moderne que l'on regrette dès qu'on s'éloigne des grandes villes.

Les bicyclettes peuvent servir en toute saison dans le nord du pays, au printemps et en hiver sur quelques grandes routes du centre.  Dans le Midi, on ne peut les utiliser que dans les villes ou leur voisinage immédiat. L'état des routes est déplorable.  Il faudrait un corps de cantonniers nombreux et autrement actif que celui qui est chargé actuellement de réparer les dégats de la sécheresse et de construire des chemins de communication nécessaires.  Le manque de moyens de circulation retarde, à tous les points de vue, le développement de ce beau pays.

Les provinciaux voyagent encore beaucoup à cheval ou à dos de mulet.  La diligence, qui a presque disparu des pays en-deçà des Pyrénées, est souvent l'unique moyen de transport en commun sur des distances considérables.  Mais quelles guimbardes la plupart du temps !  Un ressort casse, on le consolide à l'aide d'une corde, et cette réparation de fortune se répète aussi longtemps que tient le véhicule. On se sent mal assuré quand ces diligences roulent sur une mauvaise route ou dans les chemins escarpés des montagnes, au galop d'un véritable troupeau de mules attelées deux par deux, en quadruple ou quintuple tandem.  C'est miracle que la voiture ne s'effondre pas sous le poids des voyageurs et des colis que l'on entasse.  Le conducteur est accompagné de plusieurs garçons qui s'élancent après les mules dès qu'elles ralentissent leur allure.  Ils les connaissent ; ils les interpellent par leur nom et décochent à chacune des bordées d'injures. Aux relais, ils changent les attelages, soignent les bêtes dételées, puis on repart et . . . on arrive à

L'AQUEDUC ROMAIN DE SÉGOVIE.

destination. C'est l'essentiel. On descend au milieu des amis et des curieux, à la lueur des lanternes. Tout de suite on oublie les péripéties désagréables du trajet, pour n'en retenir que les sensations pittoresques.

Le sans-gêne avec lequel beaucoup de voyageurs usent des compartiments, surtout des secondes et des troisièmes, dans les trains qui font un long parcours, explique pourquoi les compagnies, qui n'encaissent pas des recettes copieuses, soignent peu le confort. Rien n'est curieux comme de voir un convoi partir pour une destination éloignée. Les voyageurs s'installent comme dans un campement. On pense invariablement aux groupes d'émigrants aperçus dans quelque gare de Paris ou sur un quai de transatlantique. Je ne déconseillerai pas, cependant, de prendre des secondes ou des troisièmes pour des distances rapprochées, si on aime observer, et si on sait écouter les gens du peuple.

Il y a maintenant dans les grands centres des hôtels confortables et propres, mais les maisons de premier ordre, surtout à Madrid, demandent des prix exorbitants. Dans les villes de moindre importance, notamment dans celles qui ne sont pas situées sur les lignes de chemin de fer, il en est encore où il ne fait pas toujours bon descendre quand on est délicat ou quand on excursionne en compagnie de dames. Si les draps de lit sont blancs, ce qui est toujours le cas, on s'aperçoit trop tard, hélas ! que l'animation est intense la nuit dans la couchette. Il vaut mieux ne pas insister sur certaines commodités, auxquelles tout le monde est maintenant habitué dans les pays du Nord. Il est préférable d'éviter les hôtels où l'on parle français ou anglais. Celui qui parle une de ces langues, c'est généralement le voyageur lui-même, et l'annonce qui a séduit le touriste, est presque toujours un prétexte pour demander des prix que ne vaut pas l'installation des chambres.

La nourriture des hôtels coûteux est bonne ; dans ceux de second ordre, on s'expose à des surprises. A table d'hôte, il n'est pas rare de voir des messieurs fumer la cigarette entre les divers plats, voire entre deux ou trois bouchées. Si on peut habiter une bonne pension ou une auberge bien tenue, on est sûr d'y trouver meilleur gîte et table plus appétissante que dans bien des hôtels ayant omnibus à tous les trains. Il n'y a pas de moyen plus pratique pour connaître les gens du pays et leurs coutumes et pour apprendre leur langage que de vivre leur vie et d'être obligés de se débrouiller avec eux. Les Espagnols savent gré à l'étranger de l'effort qu'il fait pour s'adapter et viennent à sa rencontre avec beaucoup de bonne grâce. Ainsi certaines expériences qui sur le moment paraissent irritantes, prennent dans l'éloignement du souvenir un caractère plutôt plaisant. Il est préférable, sans doute, de voyager en Espagne avec un compagnon qui partage vos idées et vos goûts. Mais on y circule aisément tout seul, sans être jamais ni molesté, ni trompé.

L'Espagne a conservé, jusqu'à nos jours, la vieille institution des gardiens de nuit. Il n'y a pas si longtemps que, même dans la capitale et dans les grandes villes, les " serenos " chantaient les heures aux coins des rues. Leur chant sonore, un peu traînant, débute par le salut à la Vierge, " Ave Maria purissima," et se termine par l'indication de l'état du ciel. Et comme le mot " sereno " revient plus souvent que le mot " nublado," le ciel étant plus souvent serein que nuageux, on a appelé ces braves gardiens du nom de " serenos." Dans les villages un seul " sereno " fait le tour des habitations et assure la tranquillité des habitants et des bêtes. Enveloppé dans l'ample capa nationale, coiffé d'un large feutre, il porte une lance au bout de laquelle se balance une lanterne. Dans les localités plus importantes, les " serenos " constituent une petite corporation. Chaque " sereno " a son quartier qu'il surveille très consciencieusement de la tombée de la nuit jusqu'aux premières lueurs du jour. Même dans les villes qui sont abondamment éclairées au gaz ou à l'électricité, les " serenos " portent leurs falots allumés. Ils ne remplissent pas seulement les fonctions qui ailleurs sont confiées aux sergents de ville. Dans leur large ceinture de cuir, ils enserrent les clefs volumineuses des portes d'entrée de toutes les maisons de leur rayon. Pour rentrer chez vous, après 10 heures, à Madrid, ne comptez pas sur votre concierge pour tirer le cordon, mais frappez des mains et appelez le " sereno " qui n'est pas loin. Il accourt, et tirant de sa ceinture la bonne clef, il vous introduit dans votre maison. Volontiers, il vous éclaire dans l'escalier jusqu'à votre appartement. Si vous avez à prendre un train le lendemain de très bonne heure, demandez-lui de venir vous réveiller, il n'y faillira pas. Et comme tout service mérite salaire, il ne dédaigne pas la pièce que vous lui glissez. Ces gardiens de nuit sont des agents de confiance. Leur honnêteté est légendaire, ils y veillent d'ailleurs eux-mêmes comme à l'honneur le plus sacré de la corporation. Il me souvient qu'à propos d'un vol on avait osé suspecter un " sereno." Le malheureux le sut et se suicida, préférant la mort à l'ombre même d'un soupçon.


La garde civile, c'est-à-dire la gendarmerie nationale, est très respectée en Espagne. A chaque station, on voit descendre du train une " paire " de ces gendarmes, et une autre " paire " monter. Ils circulent d'ailleurs toujours par deux, si bien que "la paire" est devenue une des désignations populaires pour la gendarmerie. Sur les voies ferrées, "la paire" assure la sécurité des trains, précaution indispensable au temps jadis et point tout à fait inutile de nos jours. Il existe aussi des légions montées qui parcourent les campagnes et qui, dans les grandes villes, font office de garde municipale ou de police montée. Ils sont très pittoresques avec leur chapeau en cuir bouilli, genre canotier, relevé par derrière, rappelant celui de nos gendarmes, et dans leur habit à la française en drap bleu foncé et à parements rouges qui laisse voir le ceinturon blanc et toute la longueur des larges passepoils rouges du pantalon.

En comparaison des agents de police municipales, ils sont remarquables par leur bonne tenue. La population les considère d'ailleurs avec un saint respect. Leur désobéir ou leur résister est chose grave. Ils apparaissent, font un geste paternel, et tout rentre dans l'ordre. C'est un corps d'élite auquel l'Espagne doit la sécurité dont elle jouit. Créé pour mettre fin au brigandage, il s'est acquitté de cette mission avec vigueur, courage et probité. Un excellent esprit l'anime. Pour y être admis, il ne faut pas seulement posséder des qualités physiques exceptionnelles mais justifier surtout d'un caractère et d'une conduite irréprochables. Des écoles spéciales ont été organisées où sont élevés, aux frais de l'État, les enfants des membres de la " bene merita," comme on l'appelle encore, de sorte que cette troupe se recrute en grande partie par elle-même.

Les mendiants pullulent en Espagne. Dans une des larges voies de Madrid, qui a environ deux cents mètres de long, j'ai compté un jour, sur un seul trottoir, plus de cinquante individus implorant la charité. L'aumône fait partie des obligations religieuses de l'Espagnol. Celui qui ne quémande pas, donne. L'Espagnol fortuné se sent en quelque sorte solidaire de son frère déshérité, sentiment très louable qui, certainement, a son origine dans la religion. Aussi la mendicité a-t-elle pris un développement démesuré, et il ne semble point qu'elle soit incompatible avec l'orgueil individuel. Nous avons remarqué des mendiants proprement vêtus, demandant l'aumône le cigare aux lèvres. On parle encore des atrocités commises, il n'y a pas si longtemps, par des monstres qui exploitaient la mendicité comme une profession. Des parents sans cœur vendaient leurs enfants auxquels on rompait et déformait les membres. Par centaine, ces malheureuses créatures étaient jetées dans la rue pour apitoyer les passants.

N'essayez jamais de passer indifférent lorsqu'un mendiant vous tend la main ; ne soyez pas non plus trop prompt à mettre la main à la poche. Vous êtes sollicité au nom de Dieu. Si vous donnez, le malheureux baisera votre aumône et fera le signe de la croix : c'est Dieu qui a donné. Si vous refusez, faites-le en ajoutant " que Dieu vous aide " ; le solliciteur n'insistera pas.

Gardez-vous aussi d'offrir trop facilement les pourboires ; vous vous exposez à des humiliations. Car l'Espagnol a de sa dignité une très haute idée. Il peut être pauvre et besogneux, mais il se considère comme votre égal. Un remerciement poli pour un service qui, d'ordinaire, vous est rendu très obligeamment, est beaucoup plus sûr d'être bien accueilli. Par contre, la gratification est dans certains milieux le seul moyen pour obtenir ce qu'on veut. Les journaux rapportent à ce sujet des histoires qu'on a peine à croire.

# Espagne

On parle souvent des gitanes, qui, surtout en Andalousie, vivent dans des cavernes taillées dans la falaise. Comme mendiants, ceux-là sont insupportables ; la mendicité est pour eux une profession. Ceux de Grenade ont un chef qu'ils appellent le capitaine. C'est à lui qu'on s'adresse si on est curieux de visiter leurs *caves* et de les admirer dans leurs danses. Bien que le prix de ces séances soit débattu d'avance, on aura à s'acquitter de nombreux suppléments que les membres de la tribu savent vous soutirer, d'une façon ou d'une autre, si bien qu'il est prudent de ne pas s'aventurer dans leur quartier tout seul, la nuit principalement.

Ce qu'il faut surtout en Espagne, c'est une ample provision de patience. Ne soyez jamais pressé car les Espagnols ne le sont pas. " Mañana " (*demain*) est une réponse qu'on vous donnera plus souvent qu'il vous sera agréable de l'entendre. L'employé du guichet des lettres recommandées vous la fera quand, malgré l'heure réglementaire et désireux d'avoir votre argent, vous réclamez un envoi qui, vous le savez, est arrivé à votre adresse. Ne vous avisez pas d'exiger, car les caractères sont ombrageux.

Le ton poli porte davantage chez un peuple qui a conservé les formules de la politesse la plus distinguée sans, cependant, y attacher le moindre sens de réalité. A tout moment, l'Espagnol mettra à votre disposition sa personne, sa maison, un objet que vous admirez chez lui. Gardez-vous bien de prendre à la lettre le fameux *à la disposición de Usted*, c'est une formule et rien de plus. S'il dit que sa maison est la vôtre, n'ayez jamais l'ingénuité de descendre chez lui, vous le gêneriez. Usez-en discrètement quand il vous affirmera que vous avez en lui un ami, et usez-en seulement avec des personnes que vous aurez fréquentées longtemps. N'est-elle pas jolie cette sou-

# Généralités

scription des lettres q.b.s.m. (*que besa sus manos ;—qui baise vos mains*) pour les messieurs ; et q.b.s.m.y s.p. (*qui baise vos mains et vos pieds*) pour les dames ? Néanmoins, les Espagnols sont accueillants et hospitaliers pour l'étranger qu'ils ont eu le temps d'apprécier. Le Français aura plus d'une occasion de se rappeler, en Espagne, ou de s'entendre rappeler certaines époques de l'histoire contemporaine. Le souvenir des guerres de Napoléon, défigurées par la légende et exagérées par l'imagination populaire, est resté très vif dans les esprits. Telle église délabrée, tel monument mutilé, tel reliquaire dégarni de ses pierreries, sont invariablement mis par le cicerone sur le compte des *Franceses*.

L'Espagne est un pays très conservateur. Par sa situation géographique, elle n'est vraiment ouverte aux autres pays de l'Europe que par ses ports. Or, c'est dans les ports que les progrès sont les plus sensibles.

Dans telle ville de l'intérieur, on a la sensation très nette d'être en plein moyen-âge, quand tout à coup une installation ultra-moderne s'offre au regard. C'est une importation d'Angleterre ou d'Allemagne, mais depuis qu'elle est là, personne n'a songé à l'entretenir en bon état. Ne jugez pas trop vite cette attitude indifférente, ironique, ou obstinément conservatrice pour les progrès des autres pays. Vous ne la trouverez plus dans les grandes villes ni chez les Espagnols qui ont voyagé. Il y a de nombreux indices qui annoncent des changements ; l'intelligence naturelle des habitants et le sentiment national très vif font espérer un prompt essor. En reliant les espérances pour l'avenir aux souvenirs d'un grand passé historique, on passera sans difficulté sur les inconvénients du présent pendant un voyage qui réserve à l'observateur sympathique plus d'un enchantement.

# CHAPITRE II

## CHEZ EUX

Habitations et habitants — Le foyer et la famille — Les<br>enfants — Un baptême

Les paysans habitent selon les régions des maisonnettes assez avenantes ou de minuscules chaumières. Pour dire la vérité, les chambres ne sont pas toujours d'une propreté méticuleuse. Mais les murs blanchis à la chaux donnent une apparence plaisante même aux habitations que, regardant de près, nous jugerions plus sévèrement.

La noblesse, tantôt habite à la campagne, dans des manoirs ou dans des châteaux, tantôt réside dans les beaux hôtels particuliers des grandes villes. Quant aux familles bourgeoises, elles se logent comme chez nous, dans des appartements, c'est-à-dire à plusieurs sous le même toit.

Ce qui donne un attrait original à beaucoup d'habitations espagnoles, c'est le patio, la cour spacieuse au centre même de la maison, ou bien, pour être plus précis, la cour autour de laquelle est construite la maison. Parfois, le patio est pavé. Il s'y trouve presque toujours un puits. Dans les demeures bourgeoises on le transforme en un jardin intérieur. Une fontaine et des arbres en font une retraite fraîche et ombragée tandis que des massifs ou d'épais taillis de fleurs procurent la joie du luxe et de la couleur si chère à l'œil et au cœur des gens du midi. En été

DANSE ANDALOUSE

# Chez eux

un velum mobile défend le patio contre les ardeurs du soleil. On y place des sièges et même un piano, et les habitants passent presque tout leur temps dans ce délicieux salon de plein air.

La moindre maisonnette espagnole témoigne de l'amour du peuple pour les fleurs. Il n'est pas rare de voir des maisons menaçant ruine, dans d'étroites ruelles, cacher leur misère sous de riches décors de fleurs et de plantes grimpantes qui débordent ou montent vers le toit en s'accrochant aux lézardes. Cette passion nationale pour les fleurs se donne libre cours dans les provinces méridionales de l'Espagne. C'est là que la nature prodigue fait pousser, autour des maisons, des floraisons luxuriantes. Les jardins deviennent féeriques : orangers, citronniers, palmiers, myrtes, cyprès, cèdres, lauriers-roses mêlent leurs formes, leurs verdures et leurs essences. Sur les terrasses chargées de fleurs, c'est un chatoiement indicible de couleurs et de soleil. L'eau vive jaillit de tous les coins. Des senteurs délicates embaument l'atmosphère.

Il est difficile d'imaginer un régal plus somptueux que celui qu'offre un jardin espagnol aux sens capables d'en goûter les délices. Ravis par la magie des couleurs, ivres des parfums troublants, des poètes arabes ont dû venir rêver sous ces ombrages doucement frissonnants. Et dans leurs rêves, ils ont vu les pays enchantés où nous conduisent leurs récits et que nous-même ayant rêvé comme eux reconnaissons là maintenant.

Tout près de la féerie, le terre à terre du progrès. Une chose surprend entre toutes, c'est de trouver l'éclairage électrique jusque dans de très petites communes et dans les habitations les plus humbles. A des centaines de kilomètres de distance des perfectionnements d'une grande ville, au bout d'un chemin à peine praticable, on arrive la nuit, dans un pauvre village perdu, perché sur le sommet d'une colline. Les maisons semblent appartenir à un autre âge. Que tout doit y être rudimentaire ! Trouvera-t-on seulement où passer la nuit ? Ce n'est pas sans appréhension que nous entrons dans l'unique auberge de l'endroit. Dès le seuil, une belle lumière électrique nous éblouit. Elle éclaire partout dans la maison ; il y en a dans la chambre où nous conduit le patron, et aussitôt disparaît la peur qui nous étreignait à l'aspect de cette hôtellerie quelque peu délabrée. Très certainement nous aurions passé une mauvaise nuit si nous eussions dû coucher à la lueur vacillante d'une primitive chandelle.

A l'époque où l'éclairage au gaz était très commun dans d'autres pays, l'Espagne était trop en retard pour installer ce mode d'éclairage. D'un bond, elle a passé de la chandelle et du quinquet à la lampe électrique. Elle est aujourd'hui en avance sur bien des pays d'apparence plus progressistes qui n'usent encore de l'électricité que dans les grands centres. On ne compte plus les bourgs et les villages d'Espagne dans lesquels l'ampoule électrique a remplacé au coin des rues les torchères antiques. C'étaient des poteaux en bois surmontés d'une sorte de corbeille en solide fil de fer dans laquelle on allumait, la nuit venue, des copeaux et des bûches résineuses. Au pied de chaque poteau, l'allumeur de ces réverbères pittoresques entassait une provision de bûches, et toute la nuit il faisait la ronde pour renouveler le combustible et raviver la flamme qui menaçait de s'éteindre. Pendant certaines fêtes locales, on se souvient des torchères d'antan et on en établit pour illuminer, et aussi pour rappeler aux enfants comment leur ville natale était éclairée jadis.

Pour vous montrer jusqu'à quel point on a mis en

# Chez eux

Espagne l'éclairage électrique à la portée du peuple, devinez à combien revient cette commodité moderne à un paysan qui, par exemple, utilise deux lampes ? Si l'allumage est disposé de telle façon qu'il lui faut éteindre l'une avant de pouvoir allumer l'autre, la note d'électricité se montera à 1 fr. 50 environ par mois.

A l'Escurial, les moines ont utilisé une de leurs sources pour produire de l'électricité. Une fois par semaine, ils illuminent brillamment la vaste place devant le monastère. L'orchestre du bourg s'y fait entendre. Tous les habitants de l'endroit s'y donnent rendez-vous ; les jeunes gens dansent, et les enfants jouent bruyamment devant l'austère couvent gaiement éclairé.

La plupart des installations proviennent d'Allemagne. Pour livrer à bon marché, les maisons allemandes n'ont même pas pris le soin de modifier les indications destinées à être lues par les populations espagnoles, si bien que nous avons vu aux endroits dangereux des fils conducteurs les mots " Ne pas toucher ; danger de mort " en langue allemande, que certainement ceux à qui ils s'adressaient, ne comprenaient pas. Quoi qu'il en soit, cet usage très répandu de la houille blanche dans un pays très arriéré sous bien des rapports, mérite d'être signalé.

Il est très curieux que dans un pays où le goût de flirte poétique est inné dans le cœur de chaque homme et de chaque femme, on se soit ingénié à empêcher, par toutes les entraves imaginables, les jeunes gens de se rencontrer et de se connaître.

En Espagne, les jeunes filles sont constamment surveillées par quelque duègne éprouvée. Jamais on ne leur permet de se promener, même pendant le jour, sans être accompagnées. Les précautions les plus minutieuses sont prises pour qu'elles ne restent jamais seules dans une pièce en compagnie d'hommes, fussent-ils les amis les plus intimes de la famille. Dans ces conditions, il ne faut pas s'étonner que les jeunes gens aient recours à des moyens détournés, toujours romanesques d'ailleurs, tels que sérénades au clair de lune, œillades habiles à exprimer des messages que les lèvres ne peuvent prononcer près d'oreilles autres que celles auxquelles ils sont destinés, etc. Parfois, la vigilance la plus sévère de la mère ou de la dame de compagnie ne réussit pas à prévenir les rendez-vous furtifs des jeunes amoureux. Le galant a recours à toutes les ruses, à tous les moyens, même à la pièce habilement glissée à la vieille domestique pour acheter sa discrétion et sa complicité. Vis-à-vis de l'objet de sa passion, il aura peut-être à user d'une longue et tenace diplomatie. Car, les femmes espagnoles sont nées coquettes. Elles trouvent un plaisir infini à l'art subtil de provoquer et d'agréer les hommages de l'époux possible. Il est rare que ces préliminaires cachés ne se terminent pas par des fiançailles. Du moment qu'une femme espagnole engage sa parole, c'est que son âme romanesque est satisfaite. Le rôle d'amoureuse courtisée n'est plus de son goût. Désormais, la jeune fille est sûre d'elle. Elle a éprouvé ses propres sentiments et ceux de son élu. Elle convolera pour devenir l'épouse loyale et dévouée de celui qu'elle aime et qui l'aime.

Les hommes font, en général, de très bons maris. Garçons, ils sont toujours très attachés à leur mère ; ils apprennent en l'aimant à aimer et à estimer leur épouse. Nulle injure n'est plus cruelle pour un Espagnol que celle où l'on mêle le nom de sa mère.

Les femmes témoignent peu de sympathies pour les tendances émancipatrices de nos féministes. Tout ce qu'elles demandent c'est d'être aimées de leurs maris et d'être considérées à leur foyer. Mais bien que les maris ne s'attendent guère à trouver chez leurs

# Chez eux

épouses ce qu'on appelle une culture intellectuelle, et
que celles-ci de leur côté recherchent tous les hommages
et l'adulation, il y a quelque chose, heureusement,
dans la nature des femmes espagnoles qui les protège
du danger de dégénérer en enfants gâtées ou en
poupées. C'est ce qui a préservé le beau sexe pour
le plus grand bien du pays : l'instinct maternel et
l'amour de la vie de famille. Dans aucun pays du
monde, on n'apprécie autant la vie d'intérieur qu'en
Espagne et c'est la femme qui rend le "home" aussi
cher au cœur de chacun de ses membres.

Que la maison soit riche ou pauvre, il y règne
toujours une gaieté charmante. La mère peut avoir
eu beaucoup de travail, beaucoup de soucis dans son
ménage pendant la journée, cela ne l'empêchera pas,
dès qu'elle trouvera un instant, de jouer avec son bébé
comme si elle était elle-même une enfant. Elle
chante pendant qu'elle prépare le dîner du mari. Ce
ne sera peut-être qu'un repas frugal, mais il sera
appétissant, et elle saura l'assaisonner de sa bonne
humeur et de sa conversation. Au repas du soir, c'est
le même entrain. Les enfants ne sont pas tous
couchés et leur présence, on le conçoit, n'engendre pas
la tristesse. Point de visages moroses, point de paroles
aigres et discordantes qui trop souvent poussent les
hommes à déserter le foyer et à chercher des distractions au dehors. Le père de famille ne sort pas le soir.
Parfois, les voisins viennent faire un bout de causette,
ou bien on joue aux cartes et aux dominos. Mais
l'époux espagnol est parfaitement heureux lorsqu'il
peut rester au milieu des siens.

La loyauté et le dévouement sont par eux-mêmes
de beaux traits de caractère, mais la loyauté de l'épouse
espagnole, son dévouement de mère de famille, sont
des vertus inestimables puisqu'elles remplissent de
charme et de gaieté le cercle étroit du foyer.

# Espagne

C'est dans ces vertus qu'il faut chercher le secret du caractère heureux des enfants. Bien des peintres espagnols, et non des moindres, en ont été séduits, mais aucun n'a mieux su le fixer sur la toile que le grand Murillo. Ses tableaux d'enfants du peuple sont des chefs-d'œuvre de compréhension, de sympathie et d'exécution.

Qui ne connaît sa "Petite vendeuse de fruits"? Comme elle est bien campée la mignonne fruitière dans le paysage d'air et de lumière. Le visage sourit si gentiment sous le foulard dont elle s'enveloppe la tête, qu'on voudrait lui acheter sans marchander, tout le séduisant contenu de sa corbeille. Son costume, quoique très pittoresque, laisse deviner que chez elle on travaille et on peine. Mais aucun de ses traits ne trahit le souci, aucune ride prématurée ne marque son frais minois. Pauvre, elle l'est, n'en doutez pas. Mais le soleil ne fait-il pas mûrir, pour agrémenter ses maigres repas, les fruits les plus fins, les plus exquis qui sur notre table seraient d'un luxe fort coûteux? A voir cette enfant rayonnante de contentement et de bonheur, on sent que la vie seule et entière est pour elle luxe et richesse.

Dans un autre tableau, le même peintre a pris pour modèle une "Petite fleuriste." C'est toujours la joie de vivre dont s'illumine le jeune regard avec, cependant, une ombre de cette langueur que fait prévoir qu'elle sera une vraie Espagnole. Déjà, elle sait parler aux grandes personnes. La nature l'a douée d'émotions et, pour les exprimer, de toutes les ressources qui sont l'apanage des femmes d'Espagne. Dans quelques années, dans quelques mois peut-être, ces yeux regarderont timidement derrière les barreaux de la fenêtre et inspireront une jolie sérénade. Ou bien, ces mêmes yeux lanceront des regards de fier dédain ou des

# Chez eux

éclairs de haine contre l'infidèle qui a osé manquer à sa parole.

Déjà coquette, elle a, suivant la mode de son pays, piqué une fleur dans sa chevelure. Celles qu'elle offre aux passants, elle les porte dans un châle brodé dont un bout est rejeté sur l'épaule droite, tandis qu'elle maintient l'autre de la main gauche de façon à former une corbeille tout à fait originale pour sa délicate marchandise.

D'autres fois, le maître s'est plu à peindre de pauvres gamins de la campagne. Pieds nus, en haillons, ils n'ont nullement l'air d'enfants miséreux. Ils sont gras et dodus. Le rire éclaire leurs visages. En voilà un qui jette la tête en arrière et ouvre toute grande la bouche pour y faire disparaître une grosse grappe de raisin. Un autre, tout joufflu, vient de mordre à belles dents dans le melon juteux qu'il tient dans sa main. Un troisième serre goulument la tartine dont il satisfera sa gourmandise.

Tous ces petits gars de Murillo, que ce soient de petits travailleurs ou des gavroches loqueteux, sont pour l'œil un charme de lumière et de couleur. C'est un délice que de les contempler, d'en saisir la beauté que déjà rehausse un tempérament personnel. On est amené à croire, tant le sentiment en est net, qu'à l'époque du maître, c'est-à-dire au XVIIe siècle, les bambins espagnols n'étaient guère malheureux. Murillo n'embellit pas, il prend ses modèles dans la réalité et les peint tels qu'ils sont. Ses portraits d'enfants donnent une idée assez exacte de l'existence que ceux-ci mènent encore de nos jours. Les choses se modifient très lentement. Le premier âge de la vie continue à y être plus enviable que dans n'importe quel autre pays du monde.

L'amour des parents espagnols pour leur progéniture est profondément enraciné dans le caractère de toutes les classes de la société. Il n'y a pas d'ennui, pas de dérangement que père et mère ne subiraient de bon cœur lorsqu'il s'agit du bien-être de la famille. Sauf, pour ce qui est absolument déraisonnable, ils laissent à leurs petits la liberté entière d'agir comme il leur plaît. Il y a naturellement des heures de classe pendant lesquelles les garçons surtout travaillent, mais sans excès. . . . Les enfants pauvres sont astreints à se rendre utiles dès que leurs forces le leur permettent. Les campagnards occupent les garçons dans les vignobles ou dans les orangeries ; les fillettes vendent des fleurs ou des fruits, et contribuent ainsi à faire vivre la maisonnée. Cependant, il y a en Espagne tant de fêtes nationales que chaque deuxième jour est un jour férié. Et même pendant les jours ouvrables, on se réserve assez de loisirs pour qu'enfants et adultes puissent s'en donner à cœur joie.

Les garçons et les fillettes jouent souvent ensemble. Leurs jeux sont simples et plaisants, et presque toujours accompagnés de gais refrains ou de rondes populaires. Un de leurs jeux favoris, c'est le " ambo ato." Une des joueuses est désignée pour choisir un partenaire. Elle se tient d'abord seule au milieu de ses compagnons qui forment le cercle, se donnent les mains et tournent autour d'elle en sautant et en chantant joyeusement. La fillette pendant ce temps a fait son choix. Lorsqu'elle a nommé celui qu'elle préfère, les autres lui demandent en chœur : " Que lui donneras-tu ? Que lui donneras-tu ? " Elle montre une orange, une grenade, un grappe de raisin ou une fleur, et l'élu qui accepte s'avance timidement au milieu du cercle qui se reforme. Et alors toute la petite bande, chantant à plein gosier, se livre à une danse échevelée autour du petit couple.

Les filles jouent beaucoup à " tintarella," un jeu que les nôtres connaissent aussi. Les joueuses, deux

UN PATIO.

# Chez eux

par deux, se placent face à face si près l'une de l'autre que les pointes des pieds se touchent, et, se tenant solidement par les mains, elles se mettent à tourner sur place aussi vite qu'elles peuvent. En Espagne, la tintarella ne va pas sans un refrain entraînant.

Les garçons, eux, jouent de bonne heure et avec passion au " toro." C'est une course de taureaux en miniature. Le plus habile fait le taureau. Il se coiffe d'une tête de taureau en osier. Ses compagnons le pourchassent, le harcèlent, le forcent à se défendre. Il cherche naturellement à se distinguer, à ne pas faire de faute, à donner beaucoup de besogne à la petite " cuadrilla." Rien n'est plus amusant que de voir avec quelle science déjà ces bambins imitent le célèbre sport qui passionne le peuple tout entier.


Les enfants espagnols ont tous une longue série de prénoms. Ceux qu'on donne aux filles comprennent invariablement quelque titre de la Sainte Vierge, tels que *Dolorès* (Douleurs), *Immaculata* (Immaculée), *Concepción* (Conception). Les garçons aussi reçoivent très souvent un des noms de la mère de Dieu pour rappeler qu'ils sont ses fils. Les autres prénoms sont empruntés au calendrier chrétien. Le principal place l'enfant sous la protection de quelque saint ou de quelque sainte et lui donne droit à une fête annuelle, à laquelle il attache plus d'importance qu'à l'anniversaire de sa naissance. Par d'autres noms de baptême, les parents indiquent qu'un garçon est le fils de son père, le petit-fils en ligne directe de son grand-père, le neveu d'un ou de plusieurs oncles, enfin le filleul de son parrain. Il en est de même pour les filles.

La cérémonie du baptême est toujours un grand



D

événement dans la famille. D'abord, il faut choisir le parrain et la marraine. C'est la plus grave des formalités préliminaires. On discute longtemps au sein de la famille pour savoir à quels amis ou parents on confiera cette charge. Car, en Espagne, être parrain n'est jamais une sinécure. Les parrains ont une très haute idée de leur responsabilité, matérielle et morale, vis-à-vis de leurs filleuls. S'ils l'assument, ils y dépensent sans compter leur peine et leur argent. Ils s'engagent par un serment solennel à élever leurs filleuls dans le cas où les parents viendraient à disparaître, mais en toute circonstance, ils savent qu'ils devront s'occuper d'eux effectivement. Ils commencent par offrir un cadeau de baptême sérieux. Cette bonne coutume est également répandue ailleurs mais combien d'enfants chez nous reçoivent de leur parrain un présent à l'occasion de leur première dent ? Et à cette occasion, les parrains espagnols n'ont pas seulement à combler l'enfant, la nourrice aussi s'attend à ce qu'ils reconnaissent par un don en argent ses soins auxquels est due cette heureuse circonstance. Enfin, viennent les nombreuses fêtes de l'année où aucun parrain espagnol n'oserait oublier son filleul, celle du patron dont l'enfant porte le nom, le jour de l'an et toute une série de commémorations familiales et nationales.

Aussitôt le choix des parrains arrêté, on prépare la cérémonie du baptême. C'est, chez les riches, aussi bien que chez les pauvres, une occasion pour les parents et les amis de se réunir en une fête joyeuse. Elle a conservé un éclat tout à fait particulier lorsque quelque vieille famille de la campagne baptise un héritier. Toute la région est de la fête. Dès les premières de la journée, la résidence de Sa Majesté Bébé est envahie de visiteurs et d'invités accourus de près et de loin à cheval ou à mulet, en équipage

# Chez eux

d'apparat ou sur une vulgaire et branlante charrette à deux roues.

Le cortège se forme. En tête marche le garde champêtre de l'endroit, en grand uniforme. Puis, viennent les invités qui possèdent une monture quelconque. Deux voitures attelées à quatre chevaux suivent. Dans la première se trouvent le bébé, la nourrice et les parrains. Dans la seconde prennent place le père et les autres parents. La mère est restée à la maison. Elle veille aux préparatifs pour recevoir dignement son héritier au retour de l'église. Le cortège se termine par la file des voitures, derrière lesquelles marchent deux par deux les domestiques et les fermiers.

A travers champs, la procession chemine vers l'église du village le plus proche. Les habitants qui eux aussi prennent part à la fête forment la haie. À la porte de l'église chacun des invités reçoit un cierge allumé et va se ranger sur les côtés de l'entrée. Le parrain portant l'enfant et accompagné de la marraine passe lentement entre les deux rangs. Lorsque le père et les proches parents sont passés, la procession se reforme et, solennellement, aux sons de l'orgue, va se grouper autour des fonts baptismaux.

La cérémonie est terminée. La cloche de l'église, lancée à toute volée, annonce la joyeuse nouvelle. Les villageois qui, jusque là, avaient observé une attitude recueillie sur le parvis de l'église, poussent des cris d'allégresse. Les enfants se ruent vers la porte de l'église. Jamais on n'aurait cru qu'il y en eût autant dans le village. C'est pour eux un moment de suprême impatience. Car, la porte va s'ouvrir et le parrain en sortant leur jettera des poignées de menue monnaie. On imagine la mêlée de tous ces gamins et gamines.

Le cortège a repris le même ordre qu'à l'arrivée et

quitte le village, accompagné de longs vivats et de congratulations chaleureuses à l'adresse des heureux et fiers parents.

De retour à la maison, le bébé est remis à la mère qui l'attendait avec anxiété. Un banquet, agrémenté de nombreux toasts à la santé du nouveau-né, clôt cette fête patriarcale.

# CHAPITRE III



## DANS LES PROVINCES

Costumes et coutumes dans les pays basques, en Navarre, en
Aragon, en Catalogne, en Andalousie

Jusqu'à un certain point, il est possible de généraliser
quand on parle de l'Espagne et des Espagnols. Mais
on risque, en le faisant, de donner une idée trop
superficielle, sinon fausse, de ce pays que des races très
différentes les unes des autres sont venues habiter au
cours des siècles. Ces races ont conservé chacune leurs
mœurs et leurs coutumes, leur manière d'être et de vivre.

Il faut parcourir une à une les différentes provinces
dont se compose le royaume, si on veut connaître les
particularités locales.

Pénétrons dans le pays par la plus ancienne trouée
des Pyrénées, où passaient les pèlerins de France se
rendant à St.-Jacques-de-Compostelle, où a passé
Charlemagne avec son armée, et près de laquelle a péri
Roland en la ramenant, c'est-à-dire par le sud-ouest,
le long de la ligne de Bayonne à Saint-Sébastien. Nous
voilà dans les provinces basques. Les Basques espagnols
se vantent d'être la plus ancienne race qui ait peuplé
la péninsule ibérique.

Ils prétendent être tous gentilshommes. Le plus
humble des propriétaires fait sculpter des armoiries
au-dessus de la porte de sa maisonnette. Très
fiers et très indépendants, mais très hospitaliers, ils
ont la réputation d'être foncièrement véridiques et

# Espagne

honnêtes. Ils conservent jalousement toute une série de vieilles coutumes très curieuses, des danses et des jeux qu'on ne voit que chez eux, une façon tout à fait originale de se vêtir, une langue qui leur est propre et que certains croient avoir été parlée jadis dans toute l'Espagne. Parmi d'autres coutumes bizarres, ils perpétuent celle d'offrir, le jour de l'anniversaire de leur mort, du pain et du blé aux parents et aux amis décédés. Ils exécutent, à leurs fêtes patronales, le fameux "Zorcico," la "Carrica" et l'"Espata," danses très pittoresques qu'ils accompagnent de la cornemuse, du tambourin et de fifres, et dont les mouvements sont ponctués de cris étranges. Les femmes basques ont le teint clair. Dans leur jeunesse elles sont très belles. Leur plus précieux ornement est la chevelure magnifique qu'elles portent en longues tresses dans le dos. C'est dommage qu'elles en gâtent le charme par une sorte de capuche noire ou brune peu seyante. Les hommes portent un costume extrêmement caractéristique. Ils s'habillent généralement de velours brun ou vert foncé. Le veston court laisse voir la large ceinture d'étoffe rouge ou bleue qui maintient le pantalon long et flottant. Comme chaussure ils mettent des sandales ou des sabots. Leur coiffure est le béret bien connu.

La nature a très joliment dessiné le pays basque. Elle en a fait une région très aimable. L'air y est reposant et calme. Le paysage consiste en groupes de collines abondamment boisées de chênes, chataîgniers et de pins, en vallées tapissées d'un admirable vert émeraude. La terre est fertile et de clairs ruisseaux arrosent de gras pâturages et les cultures soignées de maïs. Çà et là de blancs cottages, isolés ou groupés en hameaux, alternent avec des villages aux maisons solidement construites, aux rues droites et proprettes.

# Dans les Provinces

Chaque village possède sa place publique, une école, une église et presque toujours un fronton où se pratique le jeu national de la " pelota."


Des provinces basques on passe, à l'est, dans la province de Navarre, contrée accidentée où les plaines sont rares. Les habitants du haut pays ressemblent beaucoup à leurs voisins basques ; ils parlent même leur langue. Par contre, les habitants de la plaine se rapprochent de leurs voisins de l'est, les Aragonais.


L'ancien royaume d'Aragon comprend les trois provinces modernes de Huesca, Saragosse et Teruel. Dans le nord, c'est la nature indomptée des Pyrénées espagnoles avec leurs cimes magnifiques et leurs défilés sauvages. L'Aragon cependant est un pays agricole d'une grande fécondité.

Ses habitants sont connus pour leur amour de la liberté. Au point de vue du tempérament, ils nous rappellent plus les gens du nord que les méridionaux. Ils sont vigoureux et actifs, froids et sérieux, ce qui les différencie nettement de la moyenne des Espagnols qui sont plutôt excitables, gais, et surtout très fervents adeptes du lendemain. Un Aragonais ne remettra jamais au lendemain ce qui peut être fait le jour même.

Leur costume est tout à fait différent de celui des autres régions de l'Espagne. Ils portent la culotte en velours de coton, abondamment décorée aux poches et aux genoux de boutons en filigrane ou de pièces d'argent ; des bas en laine bleue et des sandales ; un gilet court en velours noir, également orné de boutons en filigrane, et par-dessus lequel ils ne mettent aucun autre vêtement ; une large ceinture de couleur rouge ou

bleu vif, solidement enroulée sur les hanches, leur
sert de poche pour toutes sortes de menus objets.
Parfois, ils se coiffent d'un large chapeau mou, mais
plus souvent ils nouent autour de leur tête un foulard
en couleur de façon à couvrir le front tandis que le
dessus de la tête reste découvert.

Quittons l'Aragon et dirigeons-nous encore vers
l'est. Nous arrivons en Catalogne, qui comprenait les
provinces actuelles de Gérone, Barcelone et Tarragone
sur la Méditerranée, et celle de Lérida à l'intérieur.
Les Catalans sont les négociants et les hommes d'affaires
de l'Espagne. Ils forment la population la plus
industrieuse, la plus entreprenante et la plus ambitieuse
de la péninsule. La province de Barcelone, où le
commerce et l'industrie sont particulièrement actifs,
est souvent appelée le " Lancashire espagnol," et la
capitale elle-même se glorifie d'être le " Manchester
de l'Espagne."

Le nom de Barcelone évoque immédiatement l'idée
du drapeau rouge des révolutionnaires, d'un repaire
d'anarchistes où à chaque instant une bombe peut
éclater. Cette association d'idées est fausse. Dès la
première visite, on reste surpris de se trouver dans une
atmosphère essentiellement commerciale. Les rues et
les belles avenues sont bordées de magasins importants
avec de riches étalages. Des édifices à l'aspect de
palais abritent des bureaux, des banques et des
comptoirs. Partout se pressent des gens affairés de
toutes les conditions. Dans le port flotte le pavillon
marchand des principales nations du monde. Rien de
ce qu'on s'attendait à rencontrer dans cette Barcelone
suspectée, aucune manifestation politique ou autre,
aucun meeting révolutionnaire. On n'aperçoit point
de rues désertes ni d'habitants terrorisés, et encore

# Dans les Provinces

moins quelque pâle et farouche *desperado*, qui se dissimule en se rendant à une réunion anarchiste.

Sans doute, on a beaucoup exagéré les terreurs de Barcelone. Mais tout d'un coup l'on avise deux sergents de ville. Eh ! mais ils sont bien solidement armés pour des agents chargés de veiller au bon ordre de la rue. Est-ce que cette ville, d'apparence si paisible et toute aux affaires, contiendrait tout de même plus d'éléments révolutionnaires que ne le soupçonne l'aspect de ses rues. On a dû avoir des raisons sérieuses pour armer si fortement la police. Je me fis à moi-même ces réflexions lors de ma première visite à Barcelone.

Nul attentat, nulle explosion n'a troublé mon séjour. Je me rappelais que chez nous aussi, les agents portaient le sabre et le revolver et je jugeais très exagérée la tradition qui représente Barcelone comme une serre chaude de l'anarchie. Or, depuis j'ai appris par les journaux que des bombes ont éclaté dans la rue où j'ai si souvent passé, devant la porte même de l'hôtel où j'étais descendu, et que de nombreuses personnes ont été tuées dans des rencontres sanglantes entre la foule et la police. "Les Catalans ne sont pas des Espagnols," me dit un jour un ami d'Andalousie. Ce jugement serait exact, si l'Andalou léger, jouisseur, imaginatif, indolent, était le vrai type de l'Espagnol.

Les habitants du nord sont plus positifs et plus travailleurs. Les tendances séparatistes, les aspirations républicaines, les convulsions socialistes et révolutionnaires s'expliquent dans ce milieu ouvrier, plus accessible, pour bien des raisons, aux idées similaires du dehors que sympathique à un pouvoir centralisé à outrance et trop distant.

Franchissons d'un seul bond les Castilles, jusque

 E

# Espagne

vers l'extrême sud, vers l'Andalousie, terre enchanteresse entre toutes, où la vie est une éternelle kermesse, où l'air exalte les passions, pays éblouissant de soleil, tout rutilant de couleurs.

Les Maures préféraient l'Andalousie à toute autre des régions conquises dans la péninsule. Ils s'y établirent solidement, pour assurer de là leur domination sur le reste de l'Espagne du VIII<sup>e</sup> au XV<sup>e</sup> siècle. Ils l'avaient divisée en quatre royaumes, dont Séville, Cordoue, Jaen et Grenade étaient les capitales. Ces noms s'appliquent aujourd'hui à des provinces moins étendues. C'est là, dans les villes surtout, qu'on trouve les plus beaux monuments de l'architecture mauresque dont nous parlerons tout à l'heure. Mais ce n'est pas seulement par des constructions magnifiques que se sont traduits l'intelligence hardie, l'habileté merveilleuse et le goût raffiné des Maures. On découvre des traces de leur influence dans les coins les plus reculés de l'Andalousie. Par exemple, on discerne toujours leur amour pour la propreté. Ils l'ont imposé au pays comme une loi qui demeure. Dans les plus modestes habitations de paysan, les murailles sont blanchies à la chaux, les rideaux sont nets comme neige qui vient de tomber, les chambres proprettes et bien tenues. Si le mobilier n'est ni riche ni abondant, il y a des fleurs partout. C'est souvent menu, mais c'est toujours joli et gai. Toute cette terre ensoleillée est riche en fontaines et en citernes, attestant le culte des Maures pour l'eau. Il y a, enfin, dans le tempérament des Andalous plus d'un trait qui leur vient des Maures.

Cependant, ils n'ont pas hérité de l'esprit entreprenant que les Maures apportaient à l'amendement du sol. Les excellentes méthodes d'irrigation que les Arabes avaient introduites, sont tombées en désuétude depuis qu'aucune autorité ne contraint plus le

# Dans les Provinces

paysan à entretenir les canalisations. On ne constate
d'ailleurs aucun effort scientifique pour assurer et
améliorer le rendement des terres. Le laboureur
andalou emploie les moyens et les ustensiles les plus
primitifs, parce que cela lui donnerait trop de mal de
songer seulement à les remplacer. Le résultat est que
de vastes terrains restent en friche. Heureusement, la
nature abandonnée à ses caprices, fait des merveilles
dans cette patrie du soleil, et la fécondité de la terre,
malgré l'indolence, l'indifférence et l'ignorance de ses
cultivateurs, produit d'abondantes moissons et une
richesse inouie de fleurs aux nuances délicates, aux
parfums exquis.

Les Andalous ont toutes les qualités de leurs défauts.
Loin d'eux, nous pouvons condamner leurs habitudes
de paresse, leurs exagérations d'expression, leur crédulité et leurs superstitions. Mais quand nous sommes
en leur compagnie, leur paresse devient la vertu même
du bonheur et de la jouissance, l'exagération apparaît
comme un instinct dramatique, leur crédulité n'est
autre chose que le penchant de la race pour les fictions
poétiques et pour les sentiments exaltés. En
Andalousie, on apprend, sans en être conscient,
combien il est important de ne pas être sérieux.
On a beau essayer de s'en défendre, les plus sages
principes s'évaporent dans le charme et l'enchantement.

C'est à Séville qu'on coudoie les plus aimables et
les plus gracieux vagabonds. Flâner, chanter, danser,
flirter et courir le taureau semble être l'unique
occupation de chacun. Sans doute, il y a des gens
qui travaillent. Il y en a qui récoltent des oranges
pendant quelques mois de l'année. Mais ils s'arrangent
si habilement pour égayer la saison de récolte par une
série ininterrompue de fêtes que cette courte époque
de travail n'est guère qu'un plaisant intermède dans
leur existence avide de plaisirs. On compte près de

cinq mille ouvriers à la manufacture des tabacs, plusieurs milliers de gens qui tiennent boutique en ville, ou qui sont occupés dans le commerce d'exportation d'olives, d'huile, de plomb, de cuivre, de vins, de liqueurs et de liège. Mais ces Andalous travailleurs, employés ou employeurs, n'ont aucune foi en l'évangile du travail. Ils ne vivent pas pour travailler, ils travaillent afin de pouvoir vivre selon l'idéal qu'ils se font de la vie. Or, cet idéal, c'est le plaisir. Le représentant typique de la conception la plus répandue d'une existence idéale, ne cherche même pas à faire croire qu'il exerce un métier quelconque. Il flâne dans les cafés, se régale des notes qu'un autre tire d'une guitare, cajole un client afin de l'apitoyer sur sa soif, puis, il va s'étendre quelque part à l'ombre, ne faisant rien, mais le faisant d'une façon si pittoresque qu'on espère pour lui qu'il n'essayera jamais d'entreprendre quelque chose de plus fatigant. J'en fis un jour une humiliante expérience: j'avais acheté quelques volumes chez un bouquiniste. Pour les porter à l'hôtel, j'offris une pièce blanche à un de ces vagabonds qui faisait la sieste non loin de là. L'hôtel était tout près. Le vagabond se dressa sur son séant, me montra un melon d'eau entamé, et poliment, en vrai hidalgo, me répondit: " Dieu m'a donné de quoi manger aujourd'hui, demain nous verrons. Portez, monsieur, votre paquet vous-même, et allez avec Dieu." Quand ce vagabond a besoin d'une distraction excitante, il mendie une entrée aux courses de taureaux. La nuit venue, il va dormir paisiblement sur les marches d'une église.

# CHAPITRE IV

## MADRID

Rien, si ce n'est la situation géographique au cœur
même de la péninsule, ne semble justifier le choix de
Madrid comme capitale. " Si tu veux conserver
notre empire d'outre-mer," disait Charles-Quint à son
fils, " prends Lisbonne comme capitale ; si tu tiens à ta
puissance en Europe, choisis Barcelone ; si tu veux
perdre l'un et l'autre, reste à Madrid." Je ne sais si
cette prophétie est authentique ou si elle a été inventée
après le démembrement d'un empire où le soleil ne
se couchait jamais.

Madrid est aujourd'hui, dans toute l'acception du
terme, le centre d'un royaume ultra-centralisé, siège
de toutes les grandes administrations, résidence officielle
de la cour et des hautes personnalités qui s'y rattachent,
point terminus vers lequel convergent toutes les voies
ferrées, noyau de toutes les lignes télégraphiques et
téléphoniques. Dans la partie moderne de la capitale
on n'a nullement la sensation de se trouver dans une
ville espagnole. Il faut parcourir les vieux quartiers
populaires, particulièrement à certaines fêtes de l'année
pour s'en apercevoir. Dans les rues centrales rien qui
puisse les distinguer favorablement de celles des autres
capitales européennes. Les squares, en assez grand
nombre, sont spacieux et presque toujours plantés
de beaux arbres et d'agréables massifs de fleurs.
Magasins et cafés offrent aux flaneurs les attraits
habituels. Dans les hôtels et les restaurants, on

constate d'importantes améliorations. En revanche,
les voitures de place restent peu confortables et sont
assez mal tenues. Les édifices publics modernes et
quelques hôtels particuliers ne manquent pas d'allure.
La promenade des Recollets est agréable et le Prado
ne rivalise pas encore avec le Bois de Boulogne ou
Hyde-Park. Les passants sont habillés comme tout le
monde, et c'est pur hasard, si on croise dans les rues
quelque paysan au costume original ou quelque dame
qui n'ait pas remplacé la mantille nationale par le
chapeau parisien. Voilà comment se présente Madrid
au touriste. L'impression est un peu différente si l'on
y arrive un jour de fête, pendant le carnaval, la veille
de Noël, ou encore un jour de courses extraordinaires
de taureaux.

Cependant, Madrid n'est pas dépourvu d'attractions
à condition qu'on sache éviter tout ce qui vient de
l'étranger. Il n'est pas facile de pénétrer dans les
familles espagnoles, mais pour celui qui y est une fois
introduit, c'est un bonheur de goûter le charme d'une
cordiale amitié. Le théâtre national et le mouvement
artistique et littéraire procurent des satisfactions qu'on
ne trouve pas ailleurs.

Mais ce qui fait de Madrid une ville unique au
monde, c'est son Musée de peinture du Prado, la plus
grande et la plus riche des collections madrilènes et
espagnoles. Ce musée n'est autre chose que la réunion
de plusieurs collections dont chacune a été formée
par un des souverains espagnols avec des tableaux
des maîtres de son époque. Chaque souverain suivait
son goût personnel, et ce goût, il faut le reconnaître,
dénote de réels connaisseurs, de sorte que le Musée
du Prado constitue une ensemble incomparable de
chefs-d'œuvre.

Certes, les principales galeries d'Europe se vantent
de posséder de superbes Velasquez, mais les meilleures

toiles de ce maître sont restées au Prado, et ce qui les rend uniques c'est que chacune représente une phase de son merveilleux génie. Or, l'étude des productions du peintre Velasquez mérite à elle seule le voyage de Madrid. De plus, tous les grands artistes non seulement de l'Espagne, mais de chacun des autres pays de l'Europe que les souverains d'Espagne ont dominés, y sont représentés par un tableau que le monde entier connaît.

Après le Musée du Prado, et en laissant de côté l'Académie de San Fernando, intéressante à cause de ses Goya, la Bibliothèque Nationale, l'Université, le Palais des Cortes, qu'on verra si on a le temps, il ne faut pas manquer de visiter le Palais Royal. C'est le premier monument qu'on aperçoit aussitôt en sortant de la gare du Nord. Commencé en 1737, il forme un énorme bloc carré en pierres blanches d'à peu près cent cinquante mètres de façade de chaque côté, s'élevant à trois étages sur une base de granit. Charles III fut le premier souverain qui l'habita. C'est un spécimen du style Renaissance espagnol, tardif et maniéré, d'aspect lourd dans son ensemble, à la fois monotone et confus. Il compte parmi les plus belles résidences royales de l'univers par la décoration intérieur et surtout à cause des trésors artistiques que les souverains y ont entassés.

Le premier étage est plus élégant que le rez-de-chaussée grâce aux colonnes et pilastres pseudo-classiques qui encadrent les fenêtres et les balcons. Les fenêtres de l'étage supérieur paraissent trop petites, et le toit en ardoise est percé de trop nombreuses mansardes. Des grands appartements royaux donnant sur un jardin magnifique, on découvre un panorama admirable sur les montagnes de la Guadarrama. La plus belle pièce est le salon du trône avec de superbes lustres en cristal de roche qui descendent d'un plafond représentant la Majesté de l'Espagne, et ses glaces énormes ainsi que ses riches tables en marbre. L'or prédomine dans la décoration des murs. Dans les autres pièces, également fort somptueuses, on remarque entre la multitude des objets rares, une interminable série de pendules que Ferdinand V et Charles-Quint ont recueillies avec une véritable manie.

Le grand escalier en marbre blanc et noir est imposant et les lions sculptés qui en gardent l'accès ont une allure altière. Lorsqu'en 1808 Napoléon entra dans le Palais pour la première fois, il posa la main sur un de ces lions en disant : " Je la tiens, enfin, cette Espagne si désirée." Sur les marches de l'escalier, se tournant vers son frère Joseph : " Mon frère, lui dit-il, vous serez mieux logé que moi."

UNE FENÊTRE À L'ALHAMBRA.

# CHAPITRE V



### L'ESPAGNE EN FÊTE

Les fêtes en Espagne — La veille de Noël — Le jour de l'An —
La veille des Rois — La bénédiction des bêtes le jour de
Saint-Antoine — Le Carnaval — Les fêtes de Pâques — Les
géants de la Fête-Dieu — Le jour de Saint-Isidore à Madrid
— La foire de Séville — Les fêtes patronales villageoises — Les
jours de fête en famille — La Saint-Jean

L'ESPAGNOL est gai, il a le cœur léger, il aime les
plaisirs et sait s'en donner. Aussi saisit-on tous les
prétextes pour organiser des réjouissances publiques.
Aux fêtes nationales s'ajoutent des réjouissances locales
en honneur d'un saint quelconque, à l'occasion d'une
foire ou d'un pèlerinage. Et lorsqu'il n'y a pas à fêter
quelqu'un ou quelque chose en public, il y a sûrement
quelque raison pour célébrer un anniversaire intime,
ou le jour du saint d'un membre quelconque de la
famille.

La gaieté règne en souveraine la veille de Noël, la
" noche buena " comme on dit là-bas. Les marchés
sont encombrés de pyramides d'oranges, de melons et de
citrons. Les magasins brillamment illuminés, décorés
de rubans et de fleurs, regorgent de marchandises ou
de victuailles. C'est le coup de feu de l'année pour
les boutiquiers. On fait des hécatombes de dindes.
Dans les rues, une foule bruyante se bouscule sur les
trottoirs, se presse dans les magasins, flane devant les
étalages, danse aux carrefours, ou bien entoure quelque
chanteur ambulant avec lequel elle reprend le gai

# Espagne

refrain : " Voici la veille de Noël, buvons, mangeons à cœur joie."


Le cadeau du jour, que presque tout le monde achète, c'est le " nacimiento," sorte de maquette de la Nativité, comme on en voit chez nous, en carton peint, animé de figurines en terre cuite. Le petit Jésus, couché dans la crèche, est entouré de la Sainte-Vierge, de Saint-Joseph et d'anges qui glorifient sa naissance. Le bœuf et l'âne occupent leur place dans l'étable où les Mages, guidés par une étoile, viennent adorer le divin Enfant. Les enfants surtout convoitent un " nacimiento." Il y en a d'importants et de somptueux pour les riches, de simples et modestes pour les moins fortunés. A la maison, pieusement, ils l'entourent de petits cierges qu'ils éprouvent une joie extrême de pouvoir allumer. C'est leur arbre de Noël.

Les grands " réveillonnent." Mais tout se termine avant minuit, quand les cloches appellent les bons chrétiens à venir écouter la Messe dans les églises resplendissantes de lumières. Naturellement Noël est le grand jour des étrennes que les parents s'offrent entre eux, que les patrons doivent à leurs employés ou à leurs domestiques, et que tout le monde donne au facteur, à la porteuse de pain, aux petits serviteurs de la vie quotidienne.


Le jour de l'An est une fête de moindre importance. On y tient, cependant, beaucoup à le passer heureusement, puisque les événements de ce premier jour de l'année sont considérés comme un présage pour les 364 qui suivront.

Poche vide à cette date signifie poche vide pendant

les douze mois ; au contraire, si la bourse est garnie ce jour-là, on a des chances, on l'espère du moins, qu'il en sera ainsi jusqu'au 31 décembre. Une croyance assez répandue veut que l'ancienne année soit emmenée hors de la maison et la nouvelle introduite par des gens ayant une nuance de cheveux qui porte la veine. On se demande aussi avec une certaine anxiété quelle sera la première personne qu'on rencontrera en sortant de chez soi le premier jour de l'année. Si c'est un richard qu'on croise, c'est du bonheur, si c'est un mendiant, gare à la malechance !

Le 5 janvier, on fête la veille des Rois. C'est un jour impatiemment attendu par les enfants. Puisque le lendemain est consacré aux Mages venus de loin pour offrir leurs présents au petit Jésus, ils comptent, eux aussi, sur des Mages généreux. C'est la même attente fiévreuse que chez nos petits, qui guettent la venue du père Noël.

Dès la tombée de la nuit, ils placent un soulier sur le rebord de la fenêtre ou sur le balcon, en ayant soin d'y mettre quelques brins de paille pour les chevaux des Mages. Ce soir-là, comme ils ont peine à s'endormir !

Dans la rue, sous leurs fenêtres, c'est un vacarme épouvantable de cris et de roulements de tambour. Des jeunes gens, portant des torches et des échelles et suivis du cortège habituel de gavroches tapageurs, se rendent en procession à la rencontre des Mages. Toute la nuit, ils parcourent la ville d'un bout à l'autre, afin d'être sûrs de ne pas manquer leur arrivée. Le jour se lève sans qu'on ait découvert les Mages, mais comme ceux-ci feront sûrement le même voyage dans un an, on recommencera. Les enfants ont plus de chance. A peine réveillés, ils se préoccupent de leur soulier. La paille a disparu et le soulier contient des cadeaux, donc les Mages ont passé. D'ailleurs, ils sont persuadés d'avoir entendu le bruit des sabots de leurs chevaux, d'abord dans le lointain, puis de plus proche en plus proche, et enfin si près que . . . mais à ce moment même, ils se sont endormis.

Une autre solennité de janvier est l'anniversaire de Saint-Antoine, patron des ânes, des mules et des chevaux. Ce jour-là, on réunit tous les animaux placés sous la protection du saint et un prêtre les bénit. La fête est préparée avec beaucoup d'ardeur. On pare d'une toilette spéciale les bêtes qui seront conduites à la cérémonie. D'abord on les tond sauf aux jambes et au bas du ventre. Sur la tête on leur passe un filet en soie écarlate, et autour du cou un beau collier neuf orné de clochettes en argent qui tintent au plus léger mouvement de la tête. A la hauteur des épaules, on fixe des bouquets. La sellette est peinte de couleurs vives et d'or. Aux courroies qui entourent le train de derrière, on attache des étoiles, des poignards, une guitare, des drapeaux. La cérémonie de la bénédiction se passe naturellement dans le mouvement et dans le bruit. En attendant d'être conduits devant le prêtre pour recevoir le gâteau d'avoine, les chevaux, mules et ânes piaffent, ruent, hennissent, braient à qui mieux mieux. Les mulets semblent particulièrement excités. Leurs maîtres ont toutes les peines du monde à les maintenir ou à les faire avancer ; ils se fâchent, et répondent aux ruades par des coups ou par des invectives qui feraient rougir nos cochers les plus mal embouchés. Tout ce brouhaha fait de la bénédiction des animaux une scène unique dans son genre comme solennité religieuse.


En février, c'est le carnaval, la saison la plus exubérante du calendrier des fêtes espagnoles. Masqués et déguisés, tous les hommes deviennent égaux.

# L'Espagne en Fête

Pendant les trois jours qui précèdent le mercredi des Cendres, la rue appartient aux groupes folâtres de la mascarade. Le gentilhomme joue au mendiant, et le mendiant au gentilhomme. Des bourgeois sérieux arborent des costumes fantaisistes et se démènent comme des écoliers. Les voitures des dames qui se risquent dans la mêlée, sont aussitôt entourées et les promeneuses obligées d'agréer des compliments et des hommages appropriés à la circonstance. Les batailles de confetti font rage. Partout, ce ne sont qu'éclats de rire et cris de joie d'une foule en liesse. Mais dans cette foule déchaînée, jamais on ne voit un ivrogne, et à aucun moment la liberté ne dégénère en licence.

Le mercredi des Cendres on enterre la " sardine." La nature de la sardine et la manière de l'enterrer diffèrent d'une région à l'autre. Tantôt c'est un morceau de porc qu'on enfouit profondément dans le sol, ou bien c'est un morceau de viande quelconque qu'on jette à la rivière. Mais la signification de cette cérémonie symbolique est la même partout. Adieu festins et ripailles ! Le jeûne du printemps commence. Les dévots courent les églises et allument des cierges devant les autels et les reliquaires. La semaine sainte approche avec ses coutumes religieuses traditionnelles et intéressantes. Quelles que soient les formes que prennent ces pratiques dans les diverses provinces, elles témoignent toutes du caractère national que l'Église a en Espagne. Une des cérémonies les plus populaires de la semaine sainte a lieu à Madrid le jeudi saint. Au palais royal, après le service du matin, la reine reçoit douze pauvres à qui elle lave les pieds, en souvenir du Christ lavant les pieds de ses disciples. Cette curieuse commémoration du

" lavatorio " se termine par une large distribution d'aumônes.


Le vendredi saint est le jour des processions, très imposantes dans les villes. Tout le monde y prend part. Les corps constitués, les fonctionnaires et l'armée y figurent en grand apparat à côté des confréries. Des images des saints richement parées, des groupes entiers représentant les scènes de la Passion, avec parfois des personnages de taille naturelle, et des châsses vénérées sont portées à épaule d'homme.

Presque toujours ces " pasos " (c'est ainsi qu'on les appelle) ont une grande valeur artistique. Il y en a de très anciens qui sont d'un travail merveilleux et parés de métaux précieux et d'inestimables pierreries. Tous n'appartiennent pas à des églises. Les associations religieuses en possèdent et ce ne sont pas les moins beaux. La cérémonie du vendredi saint à Séville est célèbre dans le monde entier. " C'est le jour du fameux carnaval divin."

Toutes les manifestations de deuil et de renoncement cessent le dimanche de Pâques. L'Espagne renaît aux divertissements et aux fêtes. Les églises regorgent de fleurs. Rares sont ceux qui n'assistent pas ce dimanche-là aux saints offices. Les femmes remplacent par la mantille blanche, la mantille noire qu'elles portent d'ordinaire. Pour l'après-midi est annoncée la meilleure course de taureau de l'année, à laquelle personne ne veut manquer. Au sortir de l'église, devant les affiches, les femmes et les enfants, aussi bien que les hommes, discutent, en termes très sportifs, sur la valeur des toreros engagés, sur la qualité des bêtes promises et sur les péripéties de la course.

Une solennité nationale d'un caractère tout particulier est célébrée le jour de la Fête-Dieu. On

# L'Espagne en Fête

promène dans la rue d'énormes géants en carton
pâte. Ces géants font partie du matériel municipal de
presque toutes les communes. Le défilé très animé
fait surtout la joie des enfants. La promenade des
géants à Saint - Jacques - de - Compostelle est une de
nombreuses processions consacrées au saint patron de
l'Espagne. Ces géants doivent, paraît-il, rappeler aux
générations actuelles les barbares et les envahisseurs de
l'ancienne Espagne. Quoi qu'il en soit, cette exhibi-
tion plutôt grotesque amuse tout le monde, et c'est
l'essentiel.


Les fêtes patronales, par lesquelles les habitants
témoignent leur dévotion reconnaissante au saint
de l'endroit, et pendant lesquelles ils déploient aussi le
plus franc entrain, présentent partout une physionomie
spéciale. Chacune rappelle un détail curieux de l'histoire locale et fait revivre, pour quelques jours, de très
anciennes coutumes depuis longtemps disparues. Elles
ne manquent jamais de pittoresque, parce qu'au milieu
des réjouissances populaires exubérantes se révèle tout
entier le caractère national. Ce sont des spectacles
auxquels l'étranger aura toujours intérêt à assister.


A Madrid, le jour de Saint-Isidore est célébré avec
un éclat extraordinaire. Saint-Isidore était un petit
paysan de Castille. Il aimait les oiseaux et les bêtes
des champs. Plus tard, il desservait l'église de
Saint-André à Madrid, où il fut enterré en 1130. Sa
réputation de piété était très grande. Ce n'est jamais
en vain que les fidèles lui adressent leurs prières pour
amener la pluie pendant les grandes sécheresses. En
1232, dit une vieille chronique, la sécheresse menaçait
les récoltes ; on sortit alors le corps de Saint-Isidore et

on le porta en procession à travers la campagne brûlée. L'intervention du saint fit tomber une telle pluie que les porteurs de la sainte relique faillirent être noyés. C'est alors que Madrid adopta son bienfaiteur comme patron. Son cercueil fut transféré en 1769 dans une église qu'on lui consacra et dans laquelle est enterrée également sa femme, Sainte-Marie de la Cabeza. Mais l'endroit de sa première sépulture demeure voué à sa mémoire et l'église de Saint-André possède toujours sa curieuse effigie sculptée en bois et accoutrée d'un costume bizarre. Le jour de Saint-Isidore est le 15 mai. Une longue procession parcourant les principales rues de la capitale, se rend à l'ermitage de Saint-Isidore qui abrite une source miraculeuse. La route ressemble à une vaste kermesse où viendra s'ébattre après la solennité religieuse une foule joyeuse. Des baraques sans nombre avec toutes sortes de distractions, des étalages de confiseurs et de pâtissiers, des chevaux de bois, des tentes sous lesquelles on danse, rien n'y manque. Ce jour-là l'eau de la source de l'ermitage guérit, dit-on, toutes les maladies. Aussi chacun veut-il en emporter et les marchands de récipients font des affaires d'or. On vend le portrait du saint en grandes et en petites dimensions, en tableaux ou en breloques, des cochons minuscules en verre qui évoquent l'humble origine de Saint-Isidore, des grelots bénits qui protègeront les bêtes du tonnerre, des sifflets en verre qui rappellent comment le saint rassemblait les porcs confiés à sa garde.

La plus célèbre des foires locales est celle qui se tient à Séville vers la mi-avril. Les fêtes qui s'y rattachent en ont fait une curiosité mondiale qui attire de nombreux étrangers. Toutes les chambres des hôtels et des pensions sont retenues longtemps d'avance. La vie andalouse se concentre pour quelques jours sur le champ de foire. Certes les scènes nationales demeurent

COUR DES LIONS  EFFET DE NUIT

# L'Espagne en Fête

des plus pittoresques. Mais il m'a semblé qu'on les arrangeait déjà beaucoup pour la galerie. Le touriste n'est pas facilement admis à se mêler aux gens du pays ni à goûter entièrement les joies que, certainement, ils y trouvent. Il y a plus d'intimité dans la fête patronale du moindre village, parce qu'elle réunit les habitants en une grande famille. Le propriétaire fraternise avec ses fermiers et ses domestiques ; la dame s'amuse avec les enfants du moindre paysan et le fils du " seigneur " fait librement la cour à la beauté du village. C'est l'occasion d'endosser le meilleur habit, le costume antique et original. Aux sons des castagnettes et de la guitare, les villageois ressuscitent les danses des ancêtres. Comme marchands, il n'y a que des colporteurs qui offrent leur marchandise, fil, aiguilles, sucreries, etc., dans des paniers suspendus à leur cou par des rubans multicolores.

Après la course de taureaux (si toutefois l'endroit possède des arènes), les illuminations et les feux d'artifice sont le clou de la fête. Il est difficile de voir ailleurs des illuminations aussi artistiques, aussi élaborées que dans les petites villes et même dans les villages d'Espagne.

Les Espagnols vivent en fête ininterrompue, puisque chaque jour du calendrier, les individus, portant le nom du saint de ce jour, se font un devoir de se réjouir en société de leurs amis, et naturellement de tous les membres de leur famille.

En France, bien des gens, surtout les femmes, ont conservé l'habitude de fêter le jour dédié au saint ou à la sainte dont ils portent le nom. Mais on se borne à l'envoi de quelques fleurs. En Espagne, la coutume demeure très vivante. La fête de la maîtresse de maison est célébrée avec plus d'éclat que celle d'un autre membre de la famille. Elle reçoit des fleurs,



G

des fruits, des bonbons et des cadeaux de toutes
sortes.   Il y a dîner et réception de gala chez les riches,
agapes familiales chez les pauvres.   Dans les milieux
bourgeois la réception conserve un caractère simple
et intime.   On se réunit en une aimable " tertulia."
Les amis y viennent pour exprimer leurs bons souhaits
et surtout pour bavarder ; on fait un peu de musique ;
les jeunes gens improvisent une sauterie ; les messieurs
jouent aux cartes.   On sert des rafraîchissements très
légers, souvent un simple verre d'eau fraîche.


La Saint-Jean, au mois de juin, est une date que les
jeunes filles espagnoles célébrent avec un intérêt
très spécial.   Celles qui désirent un amoureux sortent
en cachette de très bon matin et vont se laver le
visage à la fontaine voisine ; celles qui sont déjà
pourvues font de même afin de s'assurer la fidélité de
leur fiancé.   D'autres brûlent du romarin et de la
verveine en l'honneur du dieu de l'amour.   Les
boulangers vendent ce jour-là des gâteaux en forme de
cœur.   C'est le dernier vestige d'une jolie coutume
païenne que l'Église n'a pas essayé de déraciner.

# CHAPITRE VI

## UNE COURSE DE TAUREAUX

LE dimanche, généralement, il y a des courses de taureaux, *corrida*, dans les arènes de Madrid. C'est un spectacle cruel et répugnant au gré des gens du nord qui oublient que chez eux on rencontre des chasseurs en tous genres et des amateurs passionnés pour les combats de coqs ou les luttes de boxeurs. Avant de le juger, essayons de comprendre ce sport national de l'Espagne, survivance, dans un pays très catholique, des duels entre l'homme et les bêtes féroces qu'affectionnaient les Romains. Si tous les Espagnols n'aspirent pas à devenir des *aficionados*, c'est-à-dire des fervents et des connaisseurs, tout le monde va aux *toros* au moins une fois par an, un dimanche ou à l'occasion d'une fête. Les *aficionados* ne manquent pas une seule course et suivent même celles de province; beaucoup n'hésitent pas à se procurer l'argent nécessaire au mont-de-piété. Hommes et femmes, grands et petits, pauvres et riches, considèrent comme un honneur de connaître un *torero* (remarquons à ce propos que le mot *toréador* n'a jamais été un mot espagnol), un *banderillero* ou un *picador*.

Des journaux spéciaux rendent compte de tout ce qui concerne la tauromachie. Car, la tauromachie est un art qui a ses maîtres, anciens et modernes, ses théoriciens, ses peintres, ses chroniqueurs, et surtout ses adeptes enthousiastes. Plus que les courses de chevaux, ou les matchs sportifs, plus même que les théâtres, les courses de taureaux passionnent la population espagnole.

Les arènes sont situées d'ordinaire *extra muros*, mais on peut prendre son billet d'avance dans une agence en ville. Volontiers on paye vingt sous de plus pour avoir une place à l'ombre, parce que les courses ayant lieu à quatre heures de l'après-midi, toute une partie de l'arène est encore trop ensoleillée à cette heure de la journée.

Du centre de Madrid jusqu'aux arènes, il y a quelques kilomètres. Dès le commencement de l'après-midi, les tramways sont bondés, les cochers de leur côté demandent des prix exagérés. Si on ne craint pas la marche, on fait donc bien de franchir cette distance à pied. Point n'est besoin de demander son chemin, on n'a qu'à suivre la foule qui de tous les côtés se rue hors de la ville.

Au milieu de la chaussée qui n'a conservé de l'arrosage matinal que des flaques d'eau boueuse, c'est une interminable théorie de véhicules de toute nature, depuis le luxueux huit-ressorts et la limousine armoriée, jusqu'à la charrette lamentablement débile et cahotante.

Que cette foule barriolée est curieuse à voir! Les grandes dames ont remplacé, pour cette occasion, la toilette parisienne par le costume national. Elles portent la si pittoresque mantille. La plupart des jeunes filles sont drapées dans un châle magnifique, dont se parent aussi, en étoffes moins riches et moins luxueusement brodées, mais toujours très seyantes, les femmes du peuple. Dans le vacarme de la foule déjà excitée, au milieu des cris des cochers qui stimulent leurs bêtes ou interpellent les piétons, des vendeurs d'eau et de fruits, des camelots pressés d'écouler le pro-

# Une Course de Taureaux

gramme " officiel " ou des éventails à deux sous, on s'aperçoit à peine de la distance parcourue.

Nous voici devant un vaste monument circulaire en briques, d'un vague style arabe, la *plaza de toros*, qui n'a rien de la grandeur des arènes de Nîmes ou d'Arles ; il n'est grand que par ses proportions. On le dirait construit sur les confins du désert ; en deça, quelques arbres, les derniers de Madrid, au delà, les terres brûlées d'une campagne sans attrait. Un grouillement indescriptible d'hommes, de bêtes et de véhicules anime la place devant l'entrée. Ce n'est pas sans peine que nous pénétrons par un des hauts portiques d'entrée dans le couloir qui nous mènera à la travée indiquée par notre billet.

Le coup d'œil sur la vaste arène est absolument impressionnant. Nous sommes en avance d'une heure et déjà plus de vingt mille personnes emplissent le cirque. Les gradins paraissent occupés jusqu'à la dernière place. Le secteur exposé au soleil, où les places sont moins chères, est comble, et les spectateurs moins fortunés qui s'y entassent, se garantissent comme ils peuvent des rayons du soleil encore ardents.

Au-dessus de la dernière rangée des gradins, du côté de l'ombre, courent les loges. Plusieurs sont déjà occupées. Selon la coutume sévillane, les dames en arrivant étalent sur la balustrade des balcons leurs châles multicolores. On ne saurait imaginer, comme couronnement de l'amphithéâtre, décor plus original, à la fois vif et vivant. C'est aux courses de taureaux, dans les loges, que les beautés espagnoles s'exhibent à l'admiration de la foule.

Des loges, le regard revient sur la foule des gradins. Les innombrables travées ne cessent de déverser à l'intérieur de nouveaux spectateurs, qui passent dans les rangs déjà occupés, cherchant eux-mêmes leur place, et la trouvant sans la moindre contestation, sans aucun heurt. Ceux qui redoutent la dureté de la pierre louent un coussin, qu'ils lanceront dans l'arène en partant, s'ils ne s'en servent pas comme projectile pendant la course pour manifester leur admiration ou leur indignation à l'adresse d'un des *toreros*.

La chaleur est peu sensible aux places que nous occupons, mais les discussions sportives dessèchent les gosiers. Aussi peut-on voir, de temps à autre, un spectateur tirer une petite outre de vin, dévisser le goulot et, d'un geste qui ne doit pas s'apprendre du premier coup, laisser couler le jet dans sa bouche. L'outre passe au voisin. Elle sera lancée dans l'arène pendant la course, lorsque le *matador* aura abattu avec art son taureau.


C'est l'heure. Des spectateurs se sont levés et se tournent vers la loge du milieu qu'occupera le président de la course. Car, chaque course a son président ou sa présidente, quelque haute personnalité qui a bien voulu accepter cet honneur et qui dirigera le spectacle en maître absolu. Une sonnerie retentit. L'orchestre qui a joué avant l'ouverture de la course et qui jouera pendant les entr'actes, se tait. Le président est à sa place. C'est le début du drame.


Une large porte, située juste en face de la loge présidentielle, ouvre ses deux battants et livre passage au défilé très théâtral des acteurs venant en cortège saluer le président et recevoir ses ordres. En tête chevauchent, sur des coursiers noirs, deux cavaliers habillés de velours noir, coiffés de feutres à plumet, les *alguazils*. On dirait deux cavaliers d'une escorte

# Une Course de Taureaux

princière du XVI<sup>e</sup> siècle.  Derrière eux marchent, en deux lignes de file assez espacées, les héros de la journée.

D'abord les deux *espadas* qui à tour de rôle estoqueront les six taureaux annoncés par le programme.  L'un d'eux est généralement une célébrité connue dans les Espagnes de l'ancien et du nouveau monde.  Son second, qui le remplacera en cas de besoin, n'est plus un apprenti, mais il n'est pas encore, du moins pas dans les grandes courses, ce qu'on appelle une *première épée*.  A Madrid, surtout aux courses de bienfaisance (car, on organise des courses de taureaux, comme chez nous des représentations théâtrales, dans un but de charité), et à Séville, où les courses des grandes fêtes sont particulièrement brillantes, les organisateurs engagent souvent deux épées d'égale renommée.  Tout le monde connaît le costume pittoresque du *torero* pour l'avoir vu dans des gravures, sur la scène ou dans les bals travestis : chaussons de danseur, qui lui permettront d'esquiver les attaques foudroyantes du taureau ; bas de soie blancs ou roses ; culottes et boléro en l'une des couleurs qu'il a adoptées, richement soutachés et frangés d'or ou d'argent ; sur la tête le petit bicorne noir très original ; le plastron blanc de la chemise à mince jabot coupé dans toute la longueur par une étroite cravate de couleur éclatante nouée en régate autour d'un col très bas.  Tel est le travesti, vraiment très plaisant, qu'a endossé l'homme pour combattre le taureau.  Les *toreros* sont, comme d'ailleurs tous les membres de la *cuadrilla* — c'est le terme technique qui désigne la troupe — des hommes de tournure élégante.

Derrière eux les combattants montés, les *picadors* au nombre de six ou de huit.  Leur costume est approprié à la besogne brutale qui leur incombe.

# Espagne

Leurs larges chapeaux ressemblent assez à ceux de nos porteurs des halles, qu'ils rappellent d'ailleurs par leur apparence de "poids lourds." Ils sont vêtus d'une veste courte d'un ton foncé, d'un pantalon en cuir fauve solidement capitonné et renforcé. Leur arme est la lance longue et solide, à pointe acérée, non effilée, avec laquelle ils piquent le taureau pour l'exciter. Leurs montures ont un aspect misérable. Ce sont, en effet, des chevaux hors d'âge, réformés, vicieux, que les entrepreneurs de la course achètent très bon marché. Peut-être ne seraient-ils pas assez bons pour la boucherie. La pitié que ces haridelles inspirent au milieu de cette parade, s'accentue encore par le triste rôle qu'on leur fait jouer pendant le spectacle. Dans une bonne course, avec un taureau courageux, il est rare qu'elles sortent vivantes de l'arène. Pour qu'elles ne reculent pas trop devant le taureau auquel on les livre sans défense, on leur a bandé un œil d'un vieux mouchoir. La plupart des *picadors*, qui passent pour être de grossiers personnages, sont d'anciens bouviers montés venus des *ganaderies* surveiller les troupeaux de taureaux élevés en vue des courses ; ils rappellent à la fois les "cowboys" mexicains et don Quichotte.

Derrière les *picadors* suivent toujours, sur deux files, une demi-douzaine de *capeadors* et de *banderilleros*. Leur costume est semblable à celui des *espadas*, sauf qu'il est moins riche, mais les couleurs en sont aussi vives et aussi variées. Ce sont des gaillards sveltes et agiles. Le rôle de ceux-ci consiste à planter dans la nuque du taureau, fondant sur eux en un galop rageur, des bâtonnets d'environ cinquante centimètres armés de harpons et ornés de bandes en papiers multicolores. Les autres, avec leur *capa*, le font courir, l'attirent, le détournent lorsqu'un de leurs camarades est en péril. Une équipe de garçons

LA MOSQUÉE DE CORDOUE

# Une Course de Taureaux

d'écurie, en un costume moins théâtral, ferme le cortège conduisant les attelages de mules qui après chaque course traînent hors de l'arène, au triple galop, les cadavres des taureaux et des chevaux. On les a parées pour la circonstance d'un harnachement orné de rubans et de pompons rouges et jaunes.

Le défilé est très solennel ; les acteurs sont pénétrés de l'importance de leur rôle, bien que par les couleurs chatoyantes des costumes et le pas redoublé de l'orchestre, il nous apparaisse un peu théâtral.

Sait-on que chacun de ces hommes est prêt à jouer sa vie dans l'arène ? Quelques minutes auparavant, tous étaient agenouillés devant l'image de la Vierge pour implorer la victoire et recommander leur âme à Dieu.

Ainsi le veut la bonne tradition tauromachique qui jugeait une chapelle auprès des arènes aussi nécessaire qu'une ambulance.

Les *alguazils* s'arrêtent sous le balcon du président et saluent d'un large coup de chapeau. Le cortège s'en retourne par file à droite et par file à gauche, chacun des acteurs envoyant son salut vers la loge. Tous disparaissent dans la coulisse, sauf un des *alguazils* qui revient au galop sous la loge d'honneur demander au président la clef du *toril*, sombre souterrain où, depuis la veille, sont *encagés* les taureaux. Avec mille précautions, un servant ouvre la petite porte qui donne sur l'arène. Le taureau, une bête magnifique, le premier numéro du programme, bondit hors du trou noir dans la piste toute blanche de sable et de soleil. Ebloui, ahuri, il s'arrête, pousse un mugissement sourd, comme s'il défiait la foule qui applaudit à cette belle entrée en scène. Sans doute, la foule connaît l'issue du combat, l'animal mourra infailliblement,



H

mais elle veut voir comment il mourra. Elle sait par les affiches et par le programme le nom de l'éleveur et la région d'élevage, la *ganaderie* d'où il vient, sa taille, la longeur et la disposition de ses "lances," c'est-à-dire des cornes, la qualité des yeux, l'âge, bref, tout ce qui lui permet un pronostic sur ses moyens de défense ou d'attaque. Elle applaudit, car elle a jugé à la façon dont il s'est présenté, que la lutte promet des péripéties émouvantes.

Les *picadors* sont seuls dans l'arène disposés pour l'attaque, la lance au poing. La troupe des *capeadors* sort de derrière la palissade, les tables qui entourent l'arène au pied des gradins et derrière lesquelles, d'un saut agile, ils viennent se réfugier quand le taureau leur court sus. Avec leur *capa* de couleur, ils attirent le taureau à l'encontre des *picadors* qui ne doivent pas s'avancer trop dans le centre du cirque.

Le taureau vient d'apercevoir un des cavaliers. Il attaque furieusement. Les cornes puissantes s'enfoncent dans le poitrail ou le ventre du cheval. Le *picador* a réussi à placer la pointe de sa lance dans le haut de la nuque. Le sang jaillit. Folle de rage et de douleur, la bête, d'un vigoureux coup de tête, soulève le cheval. Monture et cavalier tombent à la renverse. Des applaudissements éclatent à l'adresse du courageux taureau. Le moment est critique. Par le jeu de leur *capa*, les comparses empêchent le taureau de s'acharner sur le cheval ou sur le *picador* en l'entraînant vers un autre *picador* qui attend non loin de là, mais ils ne réussissent pas toujours. Si le taureau abandonne le cavalier désarçonné, pour se précipiter sur la *capeador* dans un galop qu'on n'aurait jamais cru si rapide, l'homme savamment étale sa *capa* aux pieds de l'animal, comme s'il déployait un éventail, et par une pirouette se place lui-même en dehors de la ligne d'attaque. Il se joue ainsi du taureau jusqu'à ce que des camarades viennent le délivrer à son tour. Ou bien il lâche sa *capa*, sur laquelle s'acharnera le taureau, et se sauve en sautant les tables. Un faux pas, une glissade, ou un mouvement maladroit le mettent à la merci de la bête furieuse. Pendant ce temps des servants sont accourus au secours du cavalier que les blindages empêchent de se relever tout seul, puis s'efforcent de remettre le cheval debout. Est-il mort, vite, on lui arrache la selle et les brides, et on l'abandonne dans l'arène aux coups de corne du taureau ; peut-il encore se tenir debout, et le coup de corne n'a-t-il pas fait une trop vilaine blessure, on remonte le cavalier. Parfois la pauvre bête en se remettant sur ses quatre pieds, marche dans ses entrailles. Si elle retombe, on l'achève d'un coup de poinçon ; si elle peut marcher, les servants l'entraînent hors de l'arène, et dans le cas où la déchirure pourra se boucher avec de l'étoupe, on la ramènera au combat, puisqu'elle est quand même condamnée à être abattue. On comprend difficilement pareille cruauté. Le public espagnol lui-même fait entendre des protestations, que les uns disent inspirées par un sentiment de pitié pour les pauvres haridelles, mais que d'autres prétendent être dirigées contre la pingrerie des organisateurs de la course, qui ont intérêt à limiter la dépense des chevaux. Espérons que le premier sentiment soit le vrai. Le nombre de " rosses " expédiées par chaque taureau est relaté dans les comptes-rendus sportifs, à sa gloire posthume, sans doute, ou à titre de réclame pour l'élevage. Pour nous autres gens du nord, cette scène est d'autant plus répugnante, que dans la même course, elle peut se répéter plusieurs fois, mais il arrive aussi que, devant le deuxième *picador*, le taureau se dérobe. La foule aussitôt le couvre de huées, elle le traîte de lâche. A-t-il compris ? Le voilà qui revient, renverse le *picador*, le piétine, le roule à coups de mufle ou le prend sur ses cornes. La situation est angoissante, mais si le *cuadrilla* est habile, le *picador* n'aura aucun mal.

Lorsque le président juge suffisante cette première mise en train du taureau, en vue du combat final, il donne le signal du deuxième acte. Les *picadors* quittent l'arène. Les *banderilleros* se sont munis chacun d'une paire de harpons enrubanés. Leur jeu consiste à piquer les banderilles bien de face dans le garrot de l'animal. Le premier a réussi à piquer sa paire. Le taureau se secoue pour s'en débarrasser, mais plus il se secouera, plus les harpons lui causeront de douleur. Déjà un autre *banderillero* marche à sa rencontre, s'arrête bien en face à une certaine distance et, pour l'attirer sur lui, lève en l'air les deux bras en agitant ses banderilles. Le taureau fonce, le *banderillero* se soulève légèrement sur la pointe des pieds, les harpons en avant. Lui aussi semble devoir piquer bien droit, à la bonne place, mais en pirouettant imperceptiblement, de quelques centimètres, pour se placer hors de l'attaque, il a enfoncé les banderilles trop sur le côté dans l'épaule, ou bien elles retombent, tant le jeu est rapide. A-t-il manqué de force, de précision ou de courage ? Le public siffle. C'est à recommencer. Mais tous les taureaux ne sont pas également braves. En voilà un qui n'a pris qu'à contre-cœur (d'après l'estimation de certains spectateurs) la pointe des *picadors* et qui se dérobe devant les *banderilleros*. Le public, aux cris de "Fuego, fuego," le condamne au feu ! Le président hésite d'abord, puis cède. Les banderilles ordinaires sont remplacées par d'autres armées de pétards, dont les détonations et les brûlures réveilleront l'ardeur de l'animal harcelé. Les pétards éclatent sous la pression qui fait pénétrer le harpon et une odeur âcre de chairs brûlées arrive jusque sur

# Une Course de Taureaux

les gradins.   Le taureau, maintenant, semble assez
préparé.

Le président agite son mouchoir.   Les *banderilleros*
à leur tour quittent l'arène.   Un nouveau coup de
trompette annonce le dernier acte, le plus important
des trois, le duel final entre le taureau et l'*espada*.
Les comparses n'ont qu'à veiller pour intervenir avec
leur *capa* en cas de besoin.   Le *matador*, tête nue,
l'épée dans la main droite, la *muleta*, sorte de drapeau
rouge, dans la main gauche, se présente devant la loge
du président.   D'un geste théâtral, il demande l'autorisation de tuer la bête, et promet de le faire con-
formément aux glorieuses traditions de sa profession,
de manière que la cité soit fière de lui.   Puis, il désigne
le personnage de l'assemblée en l'honneur de qui il
combattra.   Les applaudissements enthousiastes qui ont
salué l'*espada* se sont tus.   L'émotion dans le public
est extrême.   L'homme se dirige vers son ennemi.
Selon les conditions de préparation obtenues par les
*picadors* et les *banderilleros*, il a pu juger de la capacité
de résistance de son adversaire, de ses procédés
d'attaque et de feinte.   Il s'en assure lui-même en
tâtant son adversaire avec la *muleta*.   Le taureau
approche, s'arrête devant le drap rouge, le renifle, baisse
ou relève la tête au fur et à mesure que l'*espada* baisse
ou lève le " drap."   C'est le moment fatal ; le *matador* a
fixé la tête du taureau vers la terre et va plonger son
épée juste au milieu entre les épaules.   Non, pas
encore.   Le taureau a bougé.   Il n'est plus aussi bien
placé ; les quatre pattes ne sont pas bien " en carré."
Un coup de corne sournois est vite donné.   L'*espada*
le sait, s'en méfie et recommence de nouvelles passes
de *muleta*, pendant lesquelles il déploie toute sa
science et toute son audace.   Les artistes " peu
classiques " se livrent à des tours de force téméraires.
Ils se font apporter une chaise et assis s'exposent à

l'attaque du taureau ; d'autres s'agenouillent devant lui. La préparation a-t-elle à un tel point diminué les forces de l'animal qu'il renonce à foncer ou le *torero* fascine-t-il son ennemi ? Le public, naturellement, applaudit à ces prouesses, qu'au contraire les adeptes de la bonne tauromachie ne goûtent guère. Mais il faut en finir. Le taureau est difficile à placer. L'*espada* néanmoins risque le coup. L'épée pénètre jusqu'à la garde et la bête, vomissant le sang, tombe sur place ou va mourir le long des tables. Les connaisseurs jugent à la couleur du sang si le coup a été bien ou mal porté. Parfois l'épée rencontre l'os. Le taureau la rejette. Lorsque le coup est manqué plusieurs fois, le public s'impatiente et siffle. L'*espada* s'énerve et perd son assurance. Il y a des coups d'épée que la tauromachie interdit absolument. L'*espada* qui y a recours est couvert de huées et bombardé de projectiles de toutes sortes. On réclame l'intervention du président qui fait appeler le malheureux *matador* et le disqualifie séance tanante ; il paraît même qu'il peut l'envoyer en prison. Si le président tarde à faire son devoir, c'est contre lui que se retourne la fureur de la foule. On a vu de véritables scènes de destruction et de sauvagerie éclater dans des arènes à cause d'une course mal réglée ou jugée insuffisante.

Mais si l'*espada* touche la bête selon les règles de l'art, s'il s'est comporté avec courage et adresse, l'enthousiasme des spectateurs ne connaît pas de bornes. On n'attendait pas mieux du grand artiste, du héros, dont toute l'Espagne connaît le nom ! Il a gagné le lourd cachet qu'on a dû lui offrir pour obtenir son concours.

Le taureau est mort, soit à la suite du coup d'épée, soit d'un coup de poinçon qu'un des servants lui porte pour

# Une Course de Taureaux

l'achever, sur le haut de la tête, un peu en arrière des cornes. Les mules sont amenées dans l'arène et au triple galop enlèvent les chevaux tués et le cadavre du taureau. Pendant que de nombreux garçons ratissent le sol de la piste pour la course suivante, l'espada vainqueur fait le tour de l'arène et reçoit les ovations tumultueuses de la foule en délire. Des cigares, des oranges, des chapeaux, des cannes, des outres pleines de vin lui sont lancés en signe d'admiration. Le propriétaire du chapeau est heureux que *l'espada* l'ait touché ; plus heureux encore est le propriétaire de l'outre si le héros a daigné y boire ou du moins faire semblant. Avant de rentrer dans la coulisse, *l'espada* présente ses hommages au président. Aux grandes occasions, celui-ci lui offre un cadeau, une épingle de cravate, une montre, etc. Si dans l'assemblée se trouve un personnage de marque à qui, avec l'autorisation du président, *l'espada* a dédié son taureau, ce personnage ne manquera jamais de le récompenser par un précieux souvenir. Mais la récompense la plus conforme à l'art, c'est l'oreille du taureau, que le public a réclamée pour lui. C'est un honneur qui est mentionné dans les comptes-rendus de la course.

Les *espadas* sont adulés du public, et surtout du public féminin. De nobles dames n'ont pas hésité à leur offrir leur cœur et de grands seigneurs leur amitié. Tous portent des cicatrices glorieuses ; plusieurs ont laissé leur vie dans l'arène ou sont morts à la suite des blessures reçues d'un adversaire difficile. Ceux qui sont assez heureux pour arriver à la vieillesse, quittent la profession avec de belles rentes. Leurs adieux constituent un événement aussi important que la retraite d'un grand ministre ou d'un général illustre. En signe de sa retraite, *l'espada* se coupe la *coleta*, la petite tresse de cheveux que, selon la tradition antique, tout *torero* laisse pousser derrière la tête. Certes, il ne se désintéresse pas tout à fait de ce qui l'a passionné toute sa vie, il ne le pourrait pas, mais il reste un arbitre qu'on consultera, un maître à qui les jeunes demandent des leçons. Car il existe en Espagne de véritables académies de tauromachie.

Jugera-t-on maintenant avec moins de sévérité un pareil spectacle. La tauromachie est à la fois un art et un sport. Il ne faut pas seulement du courage et du sang-froid, de la force et de l'adresse, mais beaucoup d'expérience des habitudes du taureau. Le combat contre un animal aussi puissant et aussi formidablement armé que le taureau sauvage serait inégal, si l'homme ne rétablissait pas l'égalité par sa science. Sans doute il y a dans ce spectacle beaucoup d'ostentation vaine, il se commet parfois des excès regrettables de cruauté, mais la majorité du public au courant des règles du sport national condamne l'une et les autres et n'applaudit que lorsque les règles de l'art lui semblent dûment observées.

UNE COURSE DE TAUREAUX.

# CHAPITRE VII



## L'ESPAGNE ARCHITECTURALE

Monuments romains et visigothiques — Architecture mauresque,
romane, gothique, Renaissance — L'Alhambra

L'ALHAMBRA et les monuments mauresques ne sont pas
les seules œuvres architecturales dont l'Espagne puisse
se glorifier. On se tromperait, en jugeant d'après
les masures en torchis des paysans et les constructions assez ordinaires des villes, que les Espagnols
sont restés indifférents à l'architecture scientifique
et artistique. Bien au contraire, l'Espagne a vu
s'épanouir sur son sol, avant l'époque des Maures, l'art
de bâtir des Romains et des Visigoths, et après les
Maures sous la domination des princes chrétiens, le
romain, le gothique et le style de la Renaissance.

On connaît généralement les merveilles qui font la
gloire des villes accessibles par chemin de fer, mais on
soupçonne à peine les œuvres d'art qu'on rencontre
dans des coins où le touriste n'ose pas s'aventurer.

Les Romains ont pris pied en Espagne plusieurs
siècles avant Jésus-Christ, ils l'ont dominée jusqu'au
V$^e$ siècle de notre ère. Les belles cités qu'ils y ont
fondées, comptaient parmi les plus riches et les plus
florissantes de l'empire. Comme partout où ils ont
passé, ils ont construit des temples, des arènes, des
aqueducs, des arcs de triomphe dont les ruines
sollicitent l'intérêt au plus haut degré. Il n'y a plus,
en Espagne, d'édifices romains comparables à ceux qui

ornent notre Provence.   Mais les restes de l'aqueduc de Ségovie donnent une idée exacte d'une construction romaine, dans laquelle l'utilité et la solidité s'allient à la science.   Les routes militaires romaines sont dans bien des parties de l'Espagne, les seules qui soient demeurées praticables en toutes les saisons, et bon nombre de tours qui les protégeaient sont toujours debout.

Au V⁰ siècle, les Visigoths s'établirent dans le centre de la péninsule.   Mais bien qu'ils soient restés pendant trois siècles les maîtres du pays, la tranquillité leur a manqué pour élever des constructions de grande envergure.   Il existe néanmoins quelques petites églises qui accusent le style simple et primitif de ces conquérants venus du nord, entr'autres celle de Saint-Romain-de-Hornija près |de Toro, et celle de Saint-Jean-de-Baños près de Valladolid.

En l'année 711, les Maures venus d'Afrique par le détroit de Gibraltar, gagnèrent sur les Goths la bataille de Jerez et mirent fin à leur domination. Nous indiquerons les principaux caractères du style mauresque en visitant la fameuse Alhambra de Grenade. Notons ici que l'Alhambra, du moins dans la partie qui frappe le plus les touristes, appartient déjà à la décadence de l'architecture musulmane.   On la cite en exemple parce que des reproductions en ont popularisé l'image dans le monde entier.   Au point de vue de l'histoire de l'architecture, le monument le plus pur de l'art mauresque en Espagne est certainement la Mosquée de Cordoue, qui date du IX⁰ siècle. Tolède aussi possède de très beaux fragments de la même époque.

Les chrétiens n'ont reconquis le pays sur les Maures que petit à petit.   Beaucoup d'artistes arabes **sont**

# L'Espagne architecturale

demeurés en Espagne, et ont consenti à travailler pour les nouveaux maîtres et dans leurs églises. Ils adaptèrent leur style particulier aux besoins du culte chrétien et créérent ainsi un style bâtard désigné du nom de *mudejar*, dont on ne rencontre des exemples qu'en Espagne. A Tolède et à Ségovie, ils ont même bâti des synagogues d'après cette technique.

Les Maures n'avaient pas encore quitté pour toujours le sol de l'Espagne que déjà, dans les régions du nord, les nouveaux maîtres avaient remplacé l'architecture arabe par le style occidental, qu'on appelle le roman. Le portail de la cathédrale de Saint-Jacques-de-Compostelle et celui de la vénérable cathédrale de Salamanque, ainsi que les délicieux cloîtres de Tarragone et de Gérone, en sont de glorieux spécimens. C'est l'art des arcades en plein cintre et des proportions massives de la Rome impériale que se sont approprié en l'enjolivant selon leur tempérament propre, les nations qui s'établirent sur les ruines de l'Empire.

Dès la fin du treizième siècle apparaît en Espagne l'architecture gothique. Les cathédrales de Burgos, de Léon, de Ségovie, de Tolède, datent de cette époque. L'ogive a triomphé du plein cintre. Une répartition ingénieuse des poids morts a permis aux architectes de s'affranchir des supports donnant l'impression de lourdeur. La construction s'élance en hauteur avec élégance et souplesse. Des motifs de décoration nouveaux sont devenus possibles, et les artistes, donnant libre carrière à leur inspiration, ont créé des monuments qui peuvent rivaliser avec ceux que le moyen âge gothique a érigés en France ou en Allemagne.

Les architectes espagnols sont restés fidèles à ce style jusqu'au XVIe siècle. Ce pays s'attarde volontiers sur lui-même. Depuis longtemps, les peuples au nord des

# Espagne

Pyrénées avaient fait retour aux modèles de l'antiquité classique. Il a fallu que de graves événements politiques missent l'Espagne en contact direct avec le reste de l'Europe pour leur faire connaître tous les progrès de la Renaissance. Mais dès qu'ils l'eurent entrevue, les architectes espagnols s'y adaptèrent avec l'intelligence rapide et l'enthousiasme facile de leur race.

Presque'toutes les villes de la péninsule possèdent des exemples parfaits et très variés du style Renaissance. Dans tous on constate avec quelle réserve des formes acquises et avec quel souci de leur personnalité propre les artistes entendaient revenir aux conceptions greco-romaines. Un type singulièrement expressif de cette interprétation personnelle est certainement le fameux palais-monastère de l'Escurial, dans les environs de Madrid. Les Espagnols le considèrent comme la huitième merveille du monde. Je ne m'en doutais guère lorsque je l'aperçus pour la première fois, et je le quittai, après sept semaines passées à travailler dans son enceinte même, sans être convaincu de la justesse d'une si prétentieuse appellation.

De la gare du Nord de Madrid, le train vous conduit en deux petites heures à San-Lorenzo-du-Bas, d'où on monte vers le bourg San-Lorenzo-du-Haut, qui s'est formé à côté de l'Escurial proprement dit et qui sert de villégiature d'été aux bourgeois madrilènes.

A première vue, ce bloc immense de granit, isolé sur un contrefort rocheux et nu de la Guadarrama, frappe par ses vastes proportions. Mais bien vite cette admiration fait place à une sorte de malaise, de froideur et de tristesse. C'est Philippe II qui a inspiré cette gigantesque bâtisse dont les plans imitent le gril sur lequel Saint-Laurent a subi le martyre. Il obéit, dit-on, à un désir de son illustre père qui l'avait chargé de construire pour lui et pour ses descendants un caveau royal et, en même temps, il voulut accomplir un vœu fait à Saint-Laurent en remerciement d'une bataille gagnée le jour de ce saint et avec son aide. L'édifice abrite non seulement les caveaux des rois d'Espagne et un monastère pour les religieux qui en assurent la garde, mais encore des appartements royaux. Tout dans cette résidence reflète le caractère et l'esprit du monarque sombre et têtu qui l'a conçue. D'abord on saisit difficilement les raisons qui ont fait choisir ce site peu favorisé par la nature, on reste stupéfait de l'effort accompli pour élever en moins de trente ans une œuvre de telles dimensions. Les appartements de Philippe II et les reliques qu'on y montre, évoquent le souvenir de l'Inquisition. Le Panthéon, où reposent les restes des souverains d'Espagne depuis Charles-Quint, ne donne nullement l'impression de la grandeur dans la mort. Peut-être Philippe II y aurait-il laissé une autre empreinte plus caractéristique s'il l'avait disposé lui-même, car tel qu'il est aujourd'hui, ce *putridorio* a été ajouté par Philippe III et terminé par Philippe IV en 1664.

Entre les murailles revêtues de marbres polis et de bronzes dorés, par un escalier étriqué, on descend dans une pièce octogonale qui est la chambre de repos des rois d'Espagne. C'est toujours le même décor lourd de marbre et de dorure. Les niches sont occupées par des urnes en marbre noir, exécutées sur le même modèle, mais il y en a qui n'ont pas encore reçu leur royal dépôt. Le caveau manque de grandeur, il est trop petit, ou trop plein, on ne sait, et on ne veut le savoir, il n'est même pas lugubre. On dit que depuis Philippe II aucun prince d'Espagne n'est venu habiter l'Escurial, ou simplement le visiter. Combien on comprend leur peu de curiosité de

# Espagne

connaître de leur vivant l'endroit où ils viendront un jour malgré eux, pour ne le quitter plus jamais !

Eloignons-nous de ce froid et triste monument, et sans nous arrêter, pour cette fois, aux merveilles de Tolède, retournons au pays de tous les délices, en Andalousie, contempler l'architecture mauresque.

On peut étudier le roman et le gothique dans d'autres pays.

Pour connaître le style mauresque dans toute sa richesse, dans toute son évolution, dans toute sa pureté, c'est à la grande Mosquée de Cordoue, à la Giralda, à l'Alcazar et à la Casa de Pilatos de Séville et à l'Alhambra de Grenade qu'il faut venir.

L'Alhambra en est le superbe résumé ! Avant de la visiter renseignons-nous un peu sur l'architecture mauresque en général. Ce qui en caractérise le style ce sont les arcs en fer à cheval ; la décoration des murs par de véritables broderies en stuc et des revêtements de carreaux de terre vernie ornés de dessins en couleur ; des plafonds richement dorés ou peints en couleurs vives, tantôt plats, tantôt voûtés, composés d'une multitude de carreaux de bois ajustés de façon à former comme les gateaux d'une ruche ou les stalactites d'une grotte. Les ciselures dans ces édifices sont peu profondes et font toujours paraître à l'œil une surface plate. L'effet produit est contraire à celui auquel nous a habitués l'ornementation en relief. Souvent les murailles sont ajourées d'après un dessin géométrique. Le dessin des décorations murales est rarement souligné par l'emploi d'une couleur, et comme il est ciselé dans le plâtre durci ou dans la pierre blanche, l'impression est celle d'une ornementation d'ivoire finement ouvragé que le temps a patiné en tons exquis, crèmes, bruns ou dorés. Mais tous ces

# L'Espagne architecturale

magnifiques détails sont cachés à l'intérieur des monuments mauresques. Vu du dehors, le style en paraît assez plat. Même prévenu, vous n'oublierez jamais votre premier mouvement de surprise lorsque, l'œil encore imprégné de l'aspect plutôt banal [de l'extérieur, vous franchissez le portail de l'édifice mauresque et que, pénétrant dans l'intérieur féerique, vous vous trouvez sans transition en face d'un enchantement sans pareil.

On suppose fréquemment que le nom d'Alhambra s'applique à un édifice isolé, alors qu'il désigne en réalité toute une enceinte fortifiée bâtie sur le sommet d'une colline, dans le genre d'une acropole grecque. Une rue très étroite et très en pente mène hors de la ville au pied de la colline. Impossible de se tromper de chemin, les boutiques des deux côtés de la rue ne tiennent que des articles pour touristes. Parmi les individus qui s'offrent comme guides, un vieillard, svelte et droit encore, nous poursuit de son insistance. Il est accoutré à l'italienne, tout comme je m'imaginais Fra Diavolo, il se dit " capitaine des gitanes." On assure là-bas qu'il avait, en effet, apporté son beau costume d'Italie où il posait chez des peintres. Quoi qu'il en soit, il nous obsède de ses attentions qui, dans son estimation, devaient avoir une valeur d'échange de beaucoup supérieure à celle qu'elles finissaient par avoir. Non sans peine, nous nous débarrassons de sa personne, mais pour nous la rappeler et pour se créer un droit à une récompense de cinquante centimes, il n'a de cesse que nous ne l'ayons photographié.

Nous parcourons sans hâte les magnifiques bosquets comblant le creux qui entoure de toutes parts la colline de l'Alhambra. Après le lourd soleil qui nous a accablé sur la route sans ombre, la fraîcheur est

# Espagne

reposante sous les feuillages épais, près des ruisselets qu'on voit ou que leur susurrement fait deviner. Comment ne pas s'asseoir quelques instants en bénissant les Maures d'avoir converti ainsi le roc nu en un véritable parc où poussent avec une fécondité presque sauvage de luxuriantes frondaisons et des tapis de fleurs, où s'entremêlent le chant des oiseaux, le bourdonnement des insectes, le bruissement mélodieux des sources bienfaisantes.

Nous avons la chance exceptionnelle de ne croiser dans ce délicieux décor que des marchands d'eau qui ne le déparent pas. Ces braves gens viennent là remplir leurs outres, puis aussitôt s'en retournent en ville vendre le précieux liquide. Qui n'a pas entendu retentir, dans les rues, leur cri : " Agua, agua-ah, agua-ah-ah " ? Leur provision est vite épuisée en échange de quelques sous. A ce propos qu'il me soit permis de vous rappeler qu'en Espagne l'eau se paye ! Aussi, lorsqu'on arpente ce pays, où pendant des mois et des mois sévit un soleil implacable dans un ciel invariablement bleu, combien on apprécie un verre d'eau fraîche ! Quel souvenir, quand rentré chez soi on peut faire couler l'eau tant qu'on aura plaisir à laisser ouvert le robinet, quel souvenir de se rappeler la joie éprouvée en Espagne à ce cri de " Agua " qui s'approche ! A certains moments, mourant de soif, on viderait toute sa bourse entre les mains d'un porteur d'eau, si la destinée était assez clémente pour en envoyer un sur votre chemin.

L'eau fraîche se vend dans toutes les gares, sur toutes les places publiques, comme chez nous la bière et les liqueurs. On n'a pas dû pardonner facilement à un de nos compatriotes qui, un jour, à Madrid, acheta un verre d'eau. Ne pouvant tout boire, il le rendit à la vendeuse à moitié rempli. Celle-ci ne comprit pas le geste de l'homme qui dédaignait une

# L'Espagne architecturale

marchandise aussi rare.    Mais qu'elle ne fût pas son indignation lorsque, semblant demander ce qu'elle devait
faire du restant, et tendant à nouveau le verre à notre
compatriote, elle entendit celui-ci proférer ces paroles
insolentes :  " Allez porter le reste dans le Manzanarès."
Le Manzanarès est la rivière qui coule près de
Madrid et n'a pas d'eau pendant la plus grande partie
de l'année, à tel point que les blanchisseuses de Madrid,
plus ingénieuses, en cela, qu'Alexandre Dumas, y
étendent leur linge, pour le faire sécher.


Mais, revenons à l'Alhambra.

Le chemin agréable nous a conduits devant la principale porte de la citadelle de Grenade. Quelle déception !
Nous rêvions souvent d'une Alhambra enchantée, et nos
yeux, maintenant, ne rencontrent qu'une réalité banale.
Des murailles massives, des tours sombres que ni fées
ni elfes ne hantèrent et ne hanteront jamais. Est-ce
là réellement l'Alhambra ?

Rassurez-vous et patientez un peu. Où est le
paradis promis des mille et une nuits que nos regards
ne découvrent pas et qui rien ne laisse entrevoir ?

N'oublions pas que le nom d'Alhambra n'est pas le
nom propre à un palais, mais à une enceinte fortifiée.
C'est cette enceinte qu'on aperçoit en premier lieu.
Elle a été appelée d'après " les Tours rouges " qui sont
là tout proche et qui sont la partie la plus ancienne de
la citadelle.  Déjà, en l'an 864 après Jésus-Christ, un
poète arabe mentionne ces Tours sous la désignation
de " Kal'at Al-Hamra," ce qui veut dire le " Château
rouge."  Plus tard, on les dénommait " Medinah Al-
Hamra," "la Cité rouge." Lorsqu'on a construit
l'enceinte qu'on trouve en face de soi tout d'abord, les
" Tours rouges " ont été reliées à la principale forteresse
par un rempart crénelé qui a été détruit depuis.

# Espagne

Voilà comment, par la suite, tout l'ensemble de l'Acropole de Grenade a accaparé un nom qui revenait primitivement aux premières tours de la fortification.

La forteresse occupe un emplacement de près de mille mètres de long sur une largeur qui atteint environ deux cents cinquante mètres. Les murailles qui l'entourent, et qui sont garnies de tours nombreuses, ont environ dix mètres de haut et une épaisseur de deux mètres. Elles couronnent tout le sommet de la colline et domine la ville de Grenade au sud, au nord et à l'ouest. C'est dans cet espace relativement restreint que les Maures ont groupé plus d'un témoignage intéressant de leur art. Là, dans cette enceinte fortifiée, se trouve le palais si connu et dont se font une idée merveilleuse même ceux qui n'ont jamais été à Grenade.

L'entrée principale par laquelle on pénètre actuellement à l'intérieur de l'Alhambra fut appelée successivement par les Maures " Bábu-sh-shari-ah," ce qui veut dire " Porte de la Loi," puis par les Espagnols " Porte du Jugement " ou " Tour de la Justice." Sur le seuil même, dans ce tribunal en plein air, selon la coutume musulmane, les maîtres de Grenade rendaient leurs arrêts. La main gigantesque qu'on aperçoit au-dessus de l'arc extérieur en fer à cheval était, croit-on, un talisman mauresque contre le " mauvais œil." L'inscription au-dessus de l'entrée, à l'intérieur, nous apprend que la " Porte de la Loi " a été érigée sur l'ordre du belliqueux et juste sultan Abu-l-Walid Yusuf en 1348 ; elle se termine par la prière : " qu'Allah en fasse un rempart de défense et inscrive sa construction parmi les grands et impérissables exploits."

La porte franchie, un passage étroit, bordé de murailles lourdes, nous conduit dans la vaste " Plaza

# L'Espagne architecturale

de Los Algibes." C'est là que les porteurs d'eau, aperçus tout à l'heure, exercent leur industrie. La place tire son nom des citernes mauresques, vastes réservoirs voûtés qu'alimentent les eaux du Darro. Dans un coin de la place se trouve un puits protégé où s'approvisionnent des vendeurs d'eau de Grenade. Le mouvement autour de ce puits est amusant à observer, mais il ne saurait retenir le regard que sollicite aussitôt le magnifique panorama dont on jouit de cette place. De la blanche Grenade à vos pieds, l'œil monte par-dessus les pentes boisées et les jardins suspendus, vers de superbes rangées de montagnes neigeuses qui ferment l'horizon, et de là revient vers les belles ruines laissées là par les Maures. Certes, les tours, le castel et les édifices environnants sont dans un état de délabrement qui laisse à peine deviner la grandeur d'autrefois. Mais tout cela est enveloppé d'une teinte brune qui caresse l'œil et vous enchante.

A l'ouest de la plaza, on discerne un groupe de fortifications, la plupart en ruines, sauf quelques tours assez bien conservées. C'est l'emplacement de l'Alcazaba, le castel de l'Alhambra. A l'est de la place s'élève un monument qui fait disparate dans cet entourage. C'est un palais inachevé du XVIe siècle, déplorable caprice de Charles-Quint. Ailleurs, ce palais aurait pu témoigner du goût de ce prince. On pourrait admirer ce morceau de renaissance greco-romaine, s'il n'était pas là sur la colline de l'Alhambra, et si, ce qui est peut-être vrai, on n'avait pas renversé une portion égale du monument mauresque pour y asseoir sa lourde masse. En longeant le palais de Charles-Quint, on atteint la vieille cité de l'Alhambra. Là habitaient les grands personnages de la cour, et un menu peuple moins distingué, formant une population totale d'environ vingt mille âmes. Au bout du plâteau, se trouve la ville dite moderne, un ensemble de maisons construites à l'usage des visiteurs, encadrant une seule ruelle et n'offrant aucun intérêt.

Je recommanderai à tous les touristes de visiter d'abord toute la citadelle et de garder le plus beau coup d'œil pour la fin. De cette façon l'impression qu'on emporte de l'Alhambra est réellement celle qu'on est venu y chercher. On ne risque pas de l'amoindrir par la vue des parties moins intéressantes ou moins bien conservées qu'on aperçoit après la visite du " trésor." Je suis persuadé, du reste, qu'il est arrivé à des visiteurs d'avoir perdu un temps regrettable à chercher ce trésor, tellement il est facile de passer à côté.

Plaçons-nous derrière le palais de Charles-Quint. Voyez-vous ce groupe de constructions d'aspect minable ? Eh bien, c'est là le pays merveilleux d'Aladdin. L'extérieur des édifices mauresques n'offre aucun attrait à l'œil, c'est dans l'intérieur que, suivant la coutume, les artistes ont réalisé leur idéal. Et pour vous épargner un nouveau désappointement, même à l'intérieur, n'oubliez pas ceci : l'œuvre originale a subi d'incessantes modifications, les ravages des siècles ne sont, hélas ! que trop visibles, surtout dans les détails d'exécution délicate et fine. Puis on a restauré, maladroitement et sans aucune intelligence, des modèles laissés par les créateurs. Enfin, une poudrière a sauté dans le voisinage immédiat et l'explosion a causé de profonds dégâts.

Vous voilà prévenu une fois de plus. Il vous faudra, pour goûter un plaisir réel et sans alliage, évoquer dans votre imagination toute la prodigieuse magnificence, toute la gloire de l'ensemble tel qu'il exista jadis, et pour cela concentrer votre attention sur quelques beaux fragments qui demeurent à peu près intacts.

On pénètre aujourd'hui dans l'Alhambra par un aff-reux petit corridor ménagé dans un angle obscur, qui dé-

# L'Espagne architecturale

bouche dans une enceinte oblongue et spacieuse, dite la "Cour des Myrtes." Là c'est que la lumière et enchantement. Nous sommes en plein Orient. Un lac minuscule, en forme de parallélogramme, bordé de myrtes soigneusement entretenues, d'orangers et de citronniers, est creusé au centre de la cour. Les parois latérales sont modernes, mais les colonnades qui la terminent aux deux extrémités sont des spécimens précieux de l'art mauresque. Celle du front est composé de deux galeries à arcades, avec une plus petite galerie pleine au milieu. Des colonnes fluettes en marbre poli, surmontées de chapiteaux couverts de dessins tous différents, supportent à leur tour des arcs sveltes et délicats ou encadrent des fenêtres grillagées. L'arcade à l'autre bout est simple, mais de structure pareille.

On aperçoit au fond, s'élevant au-dessus d'une misérable toiture moderne, qui a remplacé, sans doute, une harmonieuse construction arabe, l'étage supérieur de l'imposante "Tour des Comars." Tout l'intérieur est occupé par le Salon des Ambassadeurs, un des plus riches joyaux du palais, où se perpétue vivant et saisissant le souvenir des phases les plus brillantes et les plus décisives de l'histoire des Maures en Espagne.

Ce salon, qui communique avec la "Cour des Myrtes" par une superbe antichambre, est une vaste salle carrée, beaucoup plus élevée que profonde. Les murs massifs sont ceux de la tour ; ils sont percés, à une certaine hauteur du sol, de fenêtres à balcon intérieur, qui semblent s'ouvrir dans des alcôves profondes. Le plafond en bois de mélèze forme un dôme, dont le principal ornement est obtenu par l'ajustement des pièces suivant des combinaisons géométriques, les arêtes s'entrecroisant et se brisant en une variété infinie de dessins. Le plafond original était un travail merveilleux de stuc, une voûte fouillée en nids d'abeille ou en gâteaux de ruche. Il s'est effondré en même temps qu'un arc féerique en pierres précieuses. Pour nous consoler des ravages du temps, regardons les revêtements en carreaux colorés et vernissés qui garnissent le bas des murs ; les sculptures dont l'enlacement inextricable et serré fait ressembler les murailles à des dentelles de guipure ; les inscriptions profondément burinées ; enfin, dans le creux des moulures, les tâches éclatantes de rouge, de bleu et d'or aussi vives encore qu'aux jours glorieux où le palais tout entier en resplendissait.

Dans ce magnifique salon de réception se sont déroulées les solennités brillantes de la cour, dans le cadre le plus luxueux que la richesse et le goût des orientaux aient jamais façonné. Là aussi se sont joués les actes les plus importants de l'histoire des Maures, jusqu'à la scène poignante et décisive du drame où a sombré leur suprématie en Espagne. C'est, en effet, dans ce salon des " mille et une nuits " que les Maures tinrent le suprême Conseil de 1491 qui dut reconnaître l'inéluctable nécessité de céder devant la puissance chrétienne.

Ce souvenir historique, tout glorieux qu'il soit pour la civilisation chrétienne, n'adoucit en rien notre regret de constater que tout ce luxueux décor n'est que du plâtre moulé. Du plâtre ! Hélas ! on a de la peine à le croire, car il est dur et patiné comme de l'ivoire ciselé. Qu'importe alors ?

De la " Cour des Myrtes " on accède par un étroit passage à la " Cour des Lions." Une galerie basse entoure l'espace oblong. Cette galerie est formée de cent vingt-quatre colonnes en marbre blanc, appareillées dans un désordre symétrique, tantôt accouplées, tantôt isolées. Les chapiteaux très ouvragés étaient jadis colorés et dorés, à chaque extrémité de la cour s'élève un petit pavillon aux murailles filigranées, surmontées d'un dôme gracieux, dont la coupole ressemble à une

# L'Espagne architecturale

demi-orange. Est-ce vraiment une main humaine, ou une cristallisation fortuite qu'est dû ce travail. L'ensemble est artistement dessiné et proportionné, la construction témoigne d'une délicatesse que n'ont jamais surpassée les artistes arabes. Au milieu de la cour, la célèbre fontaine qui lui a donné son nom. Le bassin en albâtre est supporté par douze animaux fantastiques en marbre blanc, des lions dit-on ordinairement, mais il faut être doué d'une certaine imagination pour trouver à ces curieux animaux une ressemblance quelconque avec des fauves errant sur notre globe. Les traditions populaires racontent que les Abencérages, attirés dans un guet-apens par leurs ennemis les Zégris, ont été égorgés dans cette cour, et que leurs têtes furent jetées dans le bassin de la fontaine.

Sur la " Cour des Lions " s'ouvrent quatre très belles salles aux murs richement décorés d'inscriptions, de dentelles ciselées et de broderies en stuc. Les plafonds sont en bois sculptés et les revêtements des parois en mosaïque. L'inscription le plus souvent répétée ici comme dans d'autres pièces du palais, est l'axiome: " Il n'y a d'autre vainqueur qu'Allah." La partie principale du palais de l'Alhambra a été fondée en 1248 par Ibn-l-Ahmar, que ses sujets saluèrent comme le " vainqueur " lorsqu'il revint à Grenade après la reddition de Séville. Il répondit aux acclamations de la foule par le cri de guerre musulman, légèrement modifié : " Il n'y a d'autre vainqueur qu'Allah ! " et il l'adopta comme devise.

Un autre joyau du palais est le mirador de Lindaraja. Les fenêtres de cette pièce élégante donnent sur un délicieux jardin où d'imposants cyprès élèvent leurs cimes par-dessus des haies de buis, et où les plus jolies fleurs poussent parmi les myrtes et les orangers. La suite luxueuse de chambres connues sous le nom de " Salles de bains " est très complète. La salle de repos est célèbre entre toutes par le fini et par la minutie de sa décoration.

Sur le balcon intérieur des musiciens et des chanteurs agrémentaient le repos des baigneurs, car on sait que la douce flânerie constitue une partie importante du bain des Orientaux.

Il faudrait des journées pour examiner les détails de ce merveilleux palais ; notre description, pas plus qu'aucune autre tentée par les innombrables visiteurs, ne prétend point être complète. Ce sont, en réalité, trois palais réunis en un seul. Le plus ancien, appelé le Mezouar et datant du XIIe siècle, ouvre d'un côté sur la "Cour des Myrtes." Il a sa cour centrale, son entrée et son salon de réception, autour de laquelle sont groupées des chambres d'habitation dont une fut transformée au XVIe siècle en une chapelle chrétienne. L'exécution en est fruste encore et d'un art rudimentaire comparé à celui des parties plus récentes. Le second palais, construit au XIIIe siècle, donne également sur la "Cour des Myrtes." Il est conçu sur le même plan que le premier, mais la construction et la décoration accusent un style beaucoup plus soigné ; témoin le magnifique Salon des Ambassadeurs. Le troisième palais enfin, le plus luxueux de tous, celui qu'on appelle communément l'Alhambra, au centre duquel se trouve la "Cour des Lions," est un monument du XIVe siècle.

UNE RUE À ELCHE.

# CHAPITRE VIII



Pays essentiellement agricole — Procédés de culture primitifs
— Principaux produits : blè, maïs, oranges, dattes, vignes —
Moyens de communications insuffisants

L'ESPAGNE est un pays d'agriculture. Ses habitants
ont toujours préféré les occupations champêtres à
celles du comptoir. Les colonisateurs de l'Amérique
du Sud et du Mexique furent surtout des planteurs.
Le négoce, et surtout le petit commerce des
boutiques, paraît toujours, à bien des Espagnols, peu
digne d'une nation de hidalgos. Aussi, nous est-il
maintes fois arrivé d'entrer dans des magasins, même
à Madrid, et d'attendre un temps infini que le patron
ou la patronne daigne sortir de l'arrière-boutique pour
nous servir, et lorsqu'ils consentirent à s'imposer ce
dérangement, nous avons constaté très peu d'empressement à vendre, malgré l'assortiment très complet
qui emplissait la boutique. On nous a expliqué que
beaucoup de boutiquiers n'ayant pas besoin pour
vivre de se livrer au négoce, s'ils en tiennent un,
persévèrent plutôt par habitude que par goût. Encore
de nos jours, où cependant l'Espagne est entraînée
malgré elle dans le tourbillon des transactions
mondiales, le paysan espagnol ne déserte pas facilement
son " campo." Sauf dans les ports de la périphérie,
depuis Santander et Bilbao jusqu'à Valence et Barcelone, c'est la terre presque uniquement qui nourrit les

— 103 —

L

# Espagne

habitants. Le cultivateur a l'inestimable bonheur d'être
secondé par la fécondité du sol et par le climat. S'il
perd sa terre ou si elle ne le fait pas vivre, il émigre pour
cultiver celles de Cuba, du Mexique ou de l'Amérique
du Sud. Il ne connaît guère les procédés modernes
qu'on emploie ailleurs pour aider la nature, et ne
montre pas d'empressement à les connaître. Ses
outils sont restés primitifs. Le paysan de la Galice
peine durement, alors que celui d'Andalousie est
l'indolence même, mais le premier travaille une terre
moins facile et moins féconde sous un climat plus rude.
Dans les Castilles, ce sont toujours des bœufs qui
battent le blé en le piétinant. Il est vrai que pendant
la saison des récoltes, les bœufs n'ont pas autre chose
à faire. D'ailleurs, pourquoi se dépêcherait-on ?
Nous avons vu quelque part dans la vieille Castille
une batteuse mécanique toute neuve, qu'après les
premiers essais on avait abandonnée à jamais au milieu
d'un champ à cause d'un panne insignifiante . . . que
personne ne savait réparer. Le gouvernement cherche
à réagir ; il a créé des écoles d'agriculture, organisé
des expositions agricoles, installé des fermes modèles.
Le jour où les Espagnols auront pris goût aux méthodes
modernes, l'Espagne deviendra le plus riche pays de
l'Europe. Elle jouit du privilège de produire sans
exception tout ce qui est nécessaire à son entretien.
Si actuellement elle a recours à des importations
c'est qu'elle n'est pas outillée pour se suffire dès à
présent à elle-même, quoique dans ses ressources
naturelles, elle récolte déjà un superflu de certains
produits qu'elle peut exporter. Lorsqu'on pense aux
richesses que ce pays aurai pu tirer de la péninsule et
des merveilleuses colonies qu'il avait conquises, on
ne peut que partager les regrets et les espérances des
esprits éclairés, qui dénoncent courageusement la
décadence de leur patrie et excitent son amour-

# L'Espagne agricole

propre pour tenter une prompte régénération. Partout le blé et les olives abondent. Le midi est fertile en oranges, en limons, en citrons, en grenades, en dattes et en raisins de qualité excellente. Les légumes les plus variés et les plus savoureux poussent à foison d'un bout de l'année à l'autre. Les mûriers, le tabac et même le riz et la canne à sucre réussisent bien dans certaines régions.

Les champs interminables de maïs font la richesse des campagnes, dans les provinces septentrionales. Leur culture occupe le paysan de mai à septembre. Les provinces de Valence et de Murcie sont le paradis des orangers et des citronniers. Une promenade à travers cette région au mois de mars cause une jouissance que devrait rechercher le touriste qui voyage en Espagne à ce moment-là de l'année, tant les fleuraisons blanches au milieu du bouquet vert des feuilles luisantes, et surtout l'exquis parfum procurent une sensation rare et subtile. L'oranger commence à porter des fruits après la sixième année ; jusqu'à la vingtième, il est en pleine production et, après cet âge, il produit moins. Il n'est pas rare de voir sur le même arbre tout à la fois du jeune feuillage, des fleurs et des fruits. La cueillette a lieu à partir du mois d'octobre et se prolonge jusqu'au mois de mars ; elle est faite presque toujours par des garçons ou des filles. Les arbres n'étant pas très élevés, les jeunes moissonneurs atteignent les fruits mûrs à l'aide d'une petite échelle, les détachent avec précaution et les posent délicatement dans un panier qu'ils portent attaché à leur cou, puis ils les étalent dans un endroit sec pour laisser durcir l'écorce. Ce sont également des jeunes gens ou des enfants qui, avec une agilité surprenante, enveloppent chaque orange d'un papier de soie et les emballent avec soin dans des caisses appropriées en vue de l'exportation.

# Espagne

Dans les mêmes parages, aux environs d'Alicante particulièrement, prospère le dattier dont les branches les plus basses poussent à vingt mètres du sol. Le fruit, après avoir commencé à mûrir en novembre, est récolté en janvier. La récolte donne lieu à des scènes tout à fait jolies et curieuses ; juste au-dessous de la couronne verte, à travers laquelle on aperçoit l'azur du ciel, des grappes touffues enserrent le tronc comme une frange dorée ; là, grimpe, avec une étonnante agilité, un gamin qui paraît bientôt si petit qu'il faut avoir de bons yeux pour suivre tous ses mouvements.

Arrivé au-dessous de la couronne, il passe, en l'attachant solidement autour du tronc, la corde qu'il s'est nouée autour du corps, de sorte que s'arc-boutant de ses pieds nus contre l'arbre, il peut s'y abandonner de tout son poids. Il conserve ainsi ses deux mains libres pour cueillir les fruits et les déposer dans un panier. Lorsque le panier est plein, il le laisse glisser à terre au bout d'une corde et attend qu'on lui expédie un panier vide par le même procédé. Le voilà qui se déplace pour atteindre d'autres grappes. On dirait qu'il se meut dans l'espace, qu'il marche autour du tronc, comme une branche qui changerait de place, et ses mouvements sont si rapides que ses pieds semblent n'avoir aucun point d'appui.

La vigne pousse partout en Espagne, mais particulièrement dans le Midi. Le raisin est superbe et délicieux au goût. Pour un sou on achète plus de raisin qu'on n'en peut manger en une fois. Moyennant quelques sous, on peut s'offrir des melons qui, même pendant la saison, nous coûteraient cinquante fois ce prix. On conçoit ce que l'Espagne arriverait à recueillir d'argent en Europe pour ses primeurs, si son sol était rationnellement cultivé et surtout si elle possédait des moyens de transport rapides et suffisants.

# L'Espagne agricole

Quant à présent, les producteurs qui habitent à
quelque distance des ports ou des lignes de chemins
de fer ne doivent pas compter sur la possibilité de
vendre tout ce qu'une nature prodigue leur accorde,
sans même qu'ils fassent beaucoup d'efforts.

# CHAPITRE IX



Industries agricoles — Commerce des vins — Raisin sec — Huile
d'olive et olives en conserve — Sériciculture — Canne à sucre —
Les cotonnades de Barcelone — Les mines — Les fabriques
d'armes

CE que nous avons dit du manque de communications
qui empêche l'agriculture d'apporter au pays toute
la richesse qu'elle est susceptible de produire, est
vrai plus encore pour les industries. Celles-ci sont
pour la plupart en rapport direct avec l'exploitation
agricole.

Prenons le commerce des vins. Le vigneron espagnol
ne travaille pas autant que son collègue français pour
cultiver ses vignes, néanmoins le vignoble est
généralement bien entretenu et partout les récoltes
sont abondantes. Or, les Espagnols sont, comme tous
les peuples méridionaux, très sobres de nature et
préfèrent l'eau au vin. Loin de consommer tout le
vin qui mûrit dans leur pays ils en exportent de
très grandes quantités. La France leur en achetait
beaucoup naguère pour le coupage de certains crus
nationaux.

L'outre est resté le récipient le plus communément
employé pour le transport à l'intérieur, c'est ce qui
communique ce goût spécial aux vins ordinaires qu'on
trouve à discrétion sur toutes les tables d'hôte du pays.
Il survient naturellement des périodes de surproduction

# Les Industries espagnoles

ou de mévente. A une époque où des complications politiques et économiques empêchèrent pour un instant les produits espagnols de franchir la frontière, le vin coulait à flots dans les rigoles des villages viticoles et les récoltes pourrissaient sur pied. Mais il n'y a pas que la difficulté de faire parvenir le vin jusque dans les ports ou sur les lignes de chemins de fer ; l'inconvénient du transbordement à la frontière, nécessité par la différence des voies ferrées espagnoles d'avec toutes celles de l'Europe centrale, est un désavantage très sérieux pour le commerce d'exportation. Dans ces dernières années, cependant, plusieurs industriels ont commencé à soigner les produits des meilleurs vignobles. La bouteille du vin rouge de la Rioja Alta, de bonne qualité, se vend là-bas au prix de un à deux francs. On a beaucoup développé la fabrication des eaux de vie de vin, qui font concurrence à celle de France. L'industrie des vins est très développée et depuis longtemps à Jerez. Tout le monde connaît le vin blanc que nous classons parmi les vins de dessert ou les apéritifs, et qu'on désigne par la dénomination anglaise de " sherry." Les Anglais l'apprécient beaucoup, c'est chez eux un vin pour ainsi dire national, puisqu'ils l'adoptèrent depuis Henri VII et qu'il fut mis à la mode à l'époque d'Elisabeth. Aujourd'hui encore c'est un vin pour connaisseurs. On le sert dans les fins dîners après le potage ou après le repas, avec son fameux rival le " port " portugais. Aussi les négociants et les producteurs de Jerez soignent-ils spécialement les crus qu'on exporte en Angleterre pour qu'ils soient au goût des clients.

En Andalousie on boit un petit vin blanc appelé *manzanilla* que les gens du pays ont une façon originale de déguster dans de petits verres étroits et allongés. ¡Dans les *bodegas* que possèdent maintenant toutes les grandes villes de l'Europe, la plupart des vins liqueurs qu'on

# Espagne

y débite sont de provenance espagnole. *Bodega* est d'ailleurs le mot espagnol pour *cave* ou *chaix*.

On peut visiter les *bodegas* de Jerez comme on va voir les grandes caves en Champagne. C'est une bonne réclame. Les propriétaires ne manquent jamais, même si on n'est pas acheteur, de vous y conduire eux-mêmes et de vous faire goûter, devant les fûts mêmes, les diverses variétés de leurs crus. Les vendanges dans la province de Jerez ressemblent à celles de certaines régions du vignoble bordelais. On y apporte beaucoup plus de soins qu'ailleurs en Espagne. Lorsque les grappes sont ramassées on opère un triage, puis on les fait sécher au soleil. Le raisin est foulé au pied avant de passer au pressoir. On soutire le vin plusieurs fois, et c'est après quatre ou cinq ans seulement qu'on peut l'exporter. Pour le clarifier et lui donner du bouquet, on l'additionne d'une petite quantité de vin très vieux et très riche.

Le raisin frais supporte difficilement les longs voyages. On en exporte, cependant, les espèces les plus résistantes dans des tonneaux remplis de poussier de liège. Par contre, le raisin sec est beaucoup exporté, surtout le muscat de Malaga. C'est le raisin qui, en France, fait partie d'un dessert que nous appelons les *quatre mendiants*. On expédie de Malaga environ deux millions et demi de boites de dix kilos chacune. Les grappes sont séchées après avoir été trempées dans un bain composé d'eau, de cendres et d'huile.

La fabrication d'huile d'olives constitue une autre industrie considérable de l'Espagne. Dans le centre et dans le nord, on ramasse les fruits en novembre et en décembre ; dans le Midi, la récolte se fait déja en septembre. On commence par laisser les fruits

# Les Industries espagnoles

sécher légèrement au soleil. On les écrase dans un moulin composé d'une auge en pierre, dans laquelle on fait tourner à bras d'homme ou par une mule, une lourde meule. La masse écrasée est ensuite portée au pressoir dans des nattes de sparterie. Il est naturel que les procédés primitifs employés comportent beaucoup de déchet. Après avoir reposé un mois, l'huile s'est clarifiée; elle est bonne à être utilisée. Plus le repos est prolongé et les soutirages multipliés, plus l'huile sera pure.

Toutes les olives ne servent pas à faire de l'huile. On met en conserve les plus belles que l'on mange en hors-d'œuvre ou qui entrent dans la confection de certains mets. Les olives de conserve sont passées d'abord dans une légère solution de potasse caustique qui adoucit la peau et enlève l'amertume. On les lave soigneusement, puis on les laisse tremper pendant quelque temps dans l'eau fraîche avant de le saler. Les conserves de choix se vendent soit en tonnelets soit en bocaux; la qualité ordinaire est vendue dans des barils.

Le mûrier réussit admirablement dans la campagne de Valence. Si la sériciculture n'y prend pas l'importance qu'elle a dans le sud-est de la France ou en Lombardie, la faute en est uniquement aux vieilles méthodes de préparation et de tissage de la soie qu'on s'obstine à ne pas remplacer par des procédés plus modernes.

La culture de la canne à sucre dans les environs de Malaga n'est pas très développée.

Les grandes filatures et les tissages dans la province de Barcelone ne manufacturent que des cotons importés. Les hardis Catalans ont compris la nécessité d'un bon outillage, aussi sont-ils les seuls et les

 M

premiers fabricants de cotonnades de l'Espagne. Pour les laines, les éleveurs de moutons ne peuvent plus lutter contre leurs concurrents étrangers. Les laines espagnoles jadis célèbres ne comptant plus guère sur les marchés.

Citons enfin comme une importante source de richesse les belles forêts de chêne-liège.

L'Espagne est un pays unique au monde par les richesses de son sous-sol. Les Phéniciens, les Carthagénois, les Grecs, les Romains et les Arabes les ont exploitées activement.

Les mines de mercure d'Almaden demeurent les premières du monde. Le marché mondial des cuivres compte beaucoup avec le stock fourni par la province d'Huelva. La découverte de l'Amérique a été néfaste à l'industrie minière espagnole, mais elle a repris un nouvel essor au XIXe siècle. Ce sont des étrangers qui l'ont fait prospérer à nouveau, et qui détiennent encore les meilleures exploitations. Les ingénieurs français, qui naguère étaient seuls à les diriger, subissent aujourd'hui la concurrence, non des ingénieurs nationaux, mais des Anglais et des Allemands. La métallurgie de ces deux pays consomme, en effet, presque tout le minerai de fer que produisent les mines de la péninsule. Malheureusement, nous devons constater une fois de plus que les moyens de transport font défaut pour amener sur la côte les produits des mines de l'intérieur, et cependant, l'essor rapide du port de Bilbao et de toute l'industrie minière du Cantabrique a prouvé aux Espagnols ce qu'ils pourraient tirer de leur sous-sol. Il leur manque les capitaux que les étrangers, les Anglais et les Allemands

# Les Industries espagnoles

surtout, ont osé consacrer aux mines espagnoles, il leur manque aussi l'esprit entreprenant indispensable dans les affaires. Malgré cela, ces mines deviendront un jour la grande et réelle richesse de l'Espagne.

Les armes espagnoles étaient jadis très recherchées. Les armuriers de Tolède comptaient parmi les artistes célèbres non seulement par la production de lames universellement réputées, mais encore pour le damasquinage. Aujourd'hui, la manufacture d'armes de Tolède ne fabrique plus guère que les armes ordinaires pour l'armée, plus simples et plus pratiques que les armes de luxe exposées à l'admiration des connaisseurs dans la plus riche collection d'armes du monde, à l'*Armeria* du palais royal de Madrid.

# TABLE DES MATIERES

# TABLE DES ILLUSTRATIONS

LES ARTS GRAPHIQUES
IMPRIMEURS-ÉDITEURS
VINCENNES

www.ingramcontent.com/pod-product-compliance
Lightning Source LLC
LaVergne TN
LVHW021853170726
843503LV00003B/1203